Brües · Schloß Moyland

Reihe »Niederrhein erleben«

Otto Brües

Schloß Moyland

Von Voltaire bis Beuys

mit Beiträgen zur Schloßgeschichte
von Guido de Werd
und einem aktuellen Ausblick
von Alois Puyn

Mercator-Verlag

CIP-Titelaufnahme der Deutschen
Bibliothek

Brües, Otto:
Schloß Moyland: von Voltaire bis Beuys /
Otto Brües. Mit Beitr. zur Schloßgeschichte
von Guido de Werd u. e. aktuellen Ausblick
von Alois Puyn. – 1. Aufl. – Duisburg:
Mercator-Verl., 1988
(Reihe „Niederrhein erleben")
ISBN 3-87463-146-X

Titelbild: Schloß Moyland, Farblithographie
von Theo Hartmann nach einer Zeichnung
von Heinrich Deiters; aus: Alexander
Duncker, Rheinlands Schlösser und Burgen,
1866/67

Rückseite: Schloß Moyland Anfang 1988
(Foto Thermo-Inspekt GmbH, Hünxe,
Freigabe vom Regierungspräsidenten
Düsseldorf unter Nr. 33 A 661)

Die Bildauswahl besorgte Guido de Werd.

© Copyright 1988 by
Gert Wohlfarth GmbH
Verlag Fachtechnik + Mercator-Verlag,
Duisburg
ISBN 3-87463-146-X

Inhalt

Guido de Werd
Schloß Moyland und seine Bewohner   5

Die mittelalterliche Wasserburg   6
Alexander Freiherr van Spaen   7
Die barocken Innenräume   12
Das kurfürstliche, später
königliche Jagdschloß   20
Die Ära Steengracht   25
Die Gemäldesammlung   28
Der neugotische Umbau   33
Anmerkungen   39

Eva Brües
Vorbemerkung zu Otto Brües   45

Otto Brües
Schloß Moyland   47

Alois Puyn
Die Zukunft von Schloß Moyland   98

Bildnachweis   103

Schloß Moyland und seine Bewohner

Kunstfreunde, die auf der Bundesstraße B 57 reisen, die die historischen Städte Xanten, Kleve und Kalkar miteinander verbindet, erblicken, sobald sie von Kleve kommend die Ortschaft Hasselt verlassen, am Ende der schnurgeraden Straße als Point de Vue einen zinnengekrönten Turm, der über hohen Baumkronen hinausragt. Näherkommend verliert man das verheißungsvolle Ziel wieder aus den Augen, da die Straße nun in einem Bogen nach Süden um einen Park herumführt. Durchdringt man den Urwald des Baumringes, so steht man unvermutet - wie der Prinz von Dornröschen - vor den Mauern einer mit Efeu dicht bewachsenen Burg. Der Zauber weicht auch nicht, wenn man feststellt, daß das Märchenschloß unbewohnt ist. Ein versumpfter Wassergraben umgibt die viertürmige Anlage, über den sich eine sechsbögige Brücke zu einem Portal schwingt. Weiter vorzudringen wird dem Besucher noch durch einen Bauzaun verwehrt, nicht aber einen Gang durch die wechselvolle Geschichte dieses geheimnisvollen Bauwerkes zu unternehmen.

Moyland im Jahre 1635, aufgenommen von Johann van Senhem, erhalten in einer Kopie von Herman van Heijs aus dem Jahre 1765. Kleve. Stadtarchiv

Die mittelalterliche Wasserburg

Die erste urkundliche Erwähnung Moylands datiert aus dem Jahre 1307, als Jakob von Eger, Kleriker und Magister am Hofe zu Kleve, von Graf Otto von Kleve (1305-1310) ein Stück Land mit Häusern und anderen Gebäuden, umgeben von einem Graben mit Schutzwall, in Erbpacht erhielt (1).

Das Grundstück lag am Rande des Tiller Bruches, eines Sumpfgebietes, verursacht durch das Flußbett des Altrheins, das durch Entwässerungsgräben von holländischen Bruchern nutzbar gemacht wurde. Der erste überlieferte Name des Gutshofes lautete: „in gen Moyland", das etymologisch oft als „in het mooie land", d.h. „im schönen Land" übersetzt wird (2). Eine ältere Deutung interpretiert das Wort als Verballhornung des römischen Namens „Mediolanum" für Mailand (3). Als Jakob von Eger zum Archidiakon von Lüttich berufen wurde, verkaufte er 1332 das Anwesen an den Knappen Roland Hagedorn; dies wurde von Graf Dietrich IX von Kleve (1310-1347) in einer Urkunde bestätigt, der 1339 das Lehen erneuerte. In dieser Urkunde wird erstmals das „Huese tot Moylant" erwähnt, woraus wir schließen können, daß inzwischen ein festes Haus an dieser Stelle errichtet worden war.

In den folgenden Jahrhunderten bis 1662 wechselten die Besitzer von Moyland in kurzen zeitlichen Abständen. Es handelte sich aber dennoch um einen engen Kreis niederrheinischer Adliger, die über die weiblichen Familienangehörigen in den Besitz der Burg kamen.

Kennen wir schon den Bauherrn nicht, so kennen wir leider auch nicht den Baumeister. Abbildungen der mittelalterlichen Wasserburg aus den ersten Jahrhunderten ihres Bestehens sind nicht erhalten. Die früheste Darstellung stammt von 1635, bevor eine wesentliche Umgestaltung im Stil des Barock vorgenommen wurde (4).

Obwohl diese Zeichnung sehr wenig detailliert ist, kann man erkennen, daß es sich um eine dreiflügelige, zweigeschossige Bauanlage handelte mit einem mächtigen Wehrturm an der Nordecke und drei weiteren kleineren und schlanken Ecktürmen im Süden, Westen und Osten. Daraus folgt, daß Grundform und Ausdehnung des Gebäudes seit der Erbauung bis heute unverändert geblieben sind und im Kern des heutigen Mauerwerks noch die mittelalterlichen Ziegelmauern stecken.

Während mittelalterliche Adelssitze, wie Haus Wissen bei Weeze und Haus Selm bei Mehr in der Düffel, in der Renaissance modernisiert wurden, hat Moyland - soweit wir wissen - bis zum dritten Viertel des 17. Jahrhunderts seine mittelalterliche Gestalt bewahrt. Von Zerstörungen oder Plünderungen bei den Belagerungen von Kalkar 1599 - 1600 oder während der langanhaltenden Belagerung der Schenkenschanz 1635/1636 ist nichts überliefert.

Alexander
Freiherr van Spaen

Der westfälische Frieden 1648 setzte dem Achtzigjährigen Befreiungskrieg der Niederlande gegen Spanien mit der offiziellen europäischen Anerkennung der Republik der sieben Vereinigten Provinzen ein Ende. Seit Beginn der vierziger Jahre sahen viele führende Militärs im holländischen Heer sich wegen des nahenden Friedens nach neuen Aufgaben um. Für das Klever Land bedeutete dies, daß eine der bemerkenswertesten Persönlichkeiten seiner Geschichte, Graf Johann Moritz von Nassau-Siegen, als Gouverneur der holländischen Garnison in der Festung Wesel 1646 an den Niederrhein kam. Ein Jahr später, 1647, wurde er von seinem Studienfreund Friedrich Wilhelm, Kurfürst von Brandenburg, zum Statthalter von Kleve und Mark bestellt. Für die Residenzstadt Kleve, die seit dem Aussterben des Herzogtums 1609 in Verfall geraten und wiederholt von spanischen Truppen niedergebrannt und geplündert worden war, sollten die dreißig Jahre seiner Regierung eine großartige Epoche des Aufblühens werden. Noch heute wird das Stadtbild von den aus des Fürsten Leidenschaft für Bauen und Pflanzen entsprossenen Anlagen geprägt. Die in künstlerischer Hinsicht holländisch orientierten Bauten des Statthalters regten an, Häuser und Herrensitze im Stil des strengen holländischen Barocks zu erbauen oder zu modernisieren.

Alexander Freiherr van Spaen, der am 14. Januar 1619 zu Kranenburg geboren worden war, wo seine Vorfahren schon im 15. Jahrhundert das Richteramt innehatten, erwarb 1662 die Burg Moyland von Herzog Philipp von Croy. Als Page des Prinzen Friedrich Heinrich von Nassau-Oranien lernte er das kulturell bedeutende Hofleben in Den Haag kennen. Anschließend diente er als Offizier im französischen Heer, bis er nach seiner Rückkehr an den Niederrhein 1652 vom Großen Kurfürsten zum Drosten von dem Hamm bei Gennep bestellt wurde. Im selben Jahr wurde er noch mit dem Titel eines Obersten zum Landtag der märkischen Ritterschaft abgeordnet (5). 1655 starb sein unvermählter Bruder Jakob van Spaen, Herr von Ringenberg, und vererbte ihm seine Titel und Ämter. Von nun an stieg Alexander - gefördert vom klevischen Statthalter - schnell in seinem Ansehen und wurde mit Ämtern überhäuft. 1656 wurde er Kommandant von Kalkar, dessen Festung in diesem Jahr auf Anordnung des Kurfürsten nach Plänen des Henrick Ruse ausgebaut wurde, und Oberkommandant aller klevischen Festungen. 1660 wurde er Mitglied der klevischen Ritterschaft, 1675 Gouverneur von Wesel, 1676 Generalleutnant, 1678 Präsident aller klevischen und märkischen Regierungen, 1688 Generalschirrmeister, 1690 Feldmarschall. In Anerkennung seiner Verdienste erhob Kaiser Leopold I. ihn und alle seine Nachkommen in den Reichsfreiherrenstand. Alexander wählte als Devise für das erweiter-

Unbekannter Künstler, Alexander Freiherr von Spaen (1619-1692), Herr zu Ringenberg, Moyland, Till, Cruiswyck etc. Alexander Freiherr van Spaen ließ die mittelalterliche Wasserburg Moyland im Stil des Barock umgestalten. Ölgemälde. Stiftung Brantsen van de Zyp

Unbekannter Künstler, Hendrina van Arnhem (1625-1671), erste Gemahlin des Freiherrn van Spaen. Stiftung Brantsen van de Zyp

te Wappen den lateinischen Spruch „Vivit post funera virtus" („Die Tugend überlebt den Tod").

Zwischen 1660 und 1666 gelang es van Spaen, immer mehr Macht zu sammeln, indem er als Stellvertreter des Statthalters alle Vollmachten erhielt und der Regierung, dem Hofgericht und anderen Kollegien vorsaß. Seine steile Karriere spiegelte sich in seiner Baulust: 1661 erwarb er von G.J. van Weede tot Wallenburg das Haus Biljoen in Velp bei Arnheim, am Rande der Veluwe, das er umbauen ließ. Im selben Jahr fing er mit dem Wiederaufbau des 1655 von seinem Bruder Jakob geerbten Hauses Ringenberg bei Hamminkeln an (7). Dieses Haus war 1629-1648 völlig zerstört worden.

Ein Jahr später kaufte er Haus Moyland bei Kleve, das er in den folgenden Jahren umbaute. Er beließ seine Grundform, öffnete jedoch die wehrhaften Mauern durch große Fenster. Die hohen Dächer wurden durch barocke Dachgauben durchbrochen, und auf diese Weise ein Teil des Dachgeschosses als Wohnraum nutzbar gemacht. Der Bergfried erhielt einen geschweiften Helm mit Laterne, in die die noch erhaltene, 1669 von Peter van Trier in Huissen gegossene Glocke gehängt wurde (8). Die Fassade der Burg erhielt durch einen vorgezogenen Mittelrisalit eine räumliche Gliederung. Schmiedeeiserne Windfahnen und Kaminbekrönungen lockerten die schweren Formen der Burg auf und gaben ihr ein leichtes, schloßartiges Gepräge. Diese Vorliebe für reiche schmiedeeiserne Bekrö-

nungen fällt auch bei van Spaens Bauten in Biljoen und Ringenberg auf. Vor der hölzernen Zugbrücke über dem Burggraben lag die Vorburg, die van Spaen in die barocke Umgestaltung einbezog. Sie erhielt einen Portalbau, der die beiden langgestreckten Häuser miteinander verband. Seine Gestaltung erinnert an die Formen des niederländischen Barocks, die der aus Haarlem stammende Baumeister Pieter Post (Haarlem 1608-1669), der im Auftrag des Großen Kurfürsten und des Klever Statthalters Johann Moritz von Nassau-Siegen die Klever Burg umgestaltete, in Kleve eingeführt hatte. Dieser Baumeister war entweder am Umbau in Moyland beteiligt, oder sein Stil wurde von einem niederrheinischen Baumeister nachgeahmt.

Die Umgestaltung von Moyland im 17. Jahrhundert (7) zeigt eine Zeichnung aus dem Jahre 1696. Sie stammt von dem in brandenburgischen Diensten stehenden Künstler Abraham Begeyn (Leiden 1637-1697 Berlin), der für die Säle des Berliner Schlosses panoramaartige Gemälde der Hauptstädte, Schlösser und Landschaften der brandenburgischen Länder schaffen sollte. Zu diesem Zweck besuchte er 1696 den Niederrhein und fertigte in der Natur Kartons von über 2,50 m Länge an. Vier dieser Zeichnungen, Wesel (zweimal), Kleve und Moyland darstellend, befinden sich heute in der Sammlung Angerhausen im Städtischen Museum Haus Koekkoek in Kleve (10). Daß neben den beiden großen Städten Wesel und Kleve auch Schloß Moyland gezeichnet wurde, entsprach der Vorlie-

be des Kurfürsten Friedrichs III. für das Jagdschloß, das er 1695 von Friedrich Wilhelm van Spaen, dem Sohn Alexanders, für 150.000 Reichskronen erworben hatte. Von einer Anhöhe, dem Katzenbuckel aus, stellte Begeyn die Burg und die Vorburg von Süden dar. Man sieht den südlichen zweigeschossigen, in fünf Fensterachsen gegliederten Flügel mit einem hohen Erdgeschoß, zu dem ein Seiteneingang führt. Der Westturm erscheint etwas niedriger als die beiden, die Fassaden flankierenden Türme. Am rechten Bildrand steht eine Kapelle, die Alexander van Spaen, der der Reformierten Gemeinde angehörte, als protestantischen Sakralraum am Schloß errichten ließ. Die im Westturm seit 1469 gelegene Burgkapelle, dem Hl. Antonius geweiht, blieb durch den Religionsvergleich von 1672 der katholischen Kirche erhalten. Es scheint so, als ob die Burg etwas höher stand und neben dem inneren ein äußerer Wassergraben Burg und Vorburg umschloß.

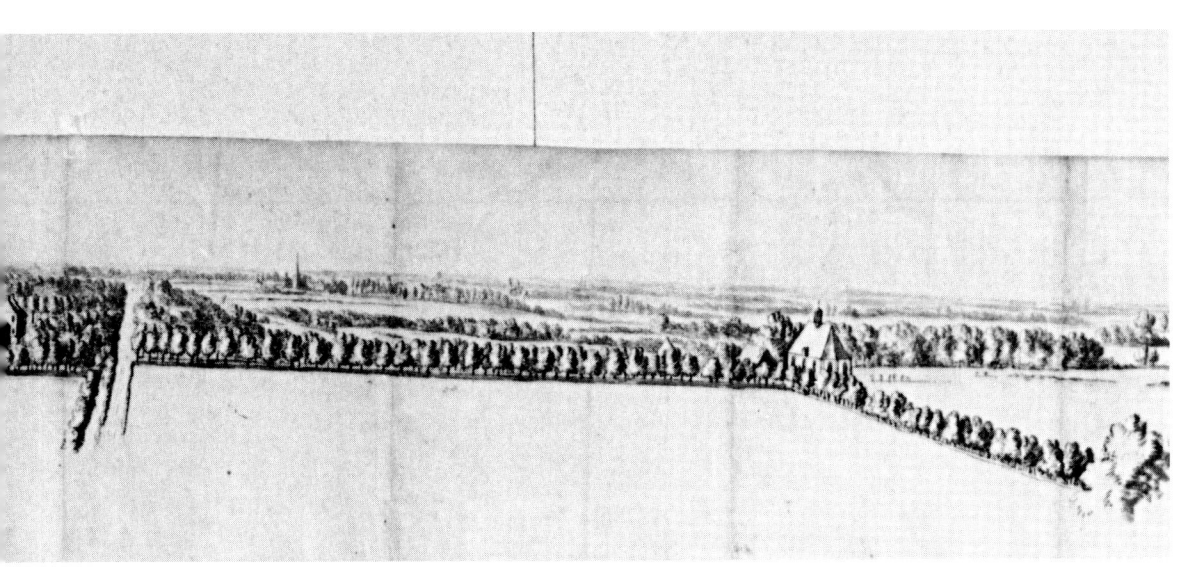

Abraham Begeyn (1637-1697), Moyland vom Katzenbuckel, 1696. In der Mitte das Schloß nach dem Umbau, rechts die neuerrichtete reformierte Kirche, im Hintergrund Emmerich und Till. Federzeichnung, Kleve, Städt. Museum Haus Koekkoek

11

Die barocken Innenräume

Eingreifender als im Äußeren ließ van Spaen das Schloß im Inneren umgestalten. Eine frühe Beschreibung gab der Klever Brunnenarzt Dr. Johann Heinrich Schütte in seinem „Amusemens des Eaux de Clèves", 1748. „Auf diesem Hause sind 2 Etagen mit vielen Zimmern versehen, und auf deren etliche trifft man schöne Schildereyen an. In Sonderheit ist der Saal im oberen Stockwerk wegen seines Plafondes, an welchem alle Nationen aus 4 Teilen der Welt in ihren Habit und in Lebensgröße abgemahlet sind, besehenswerth." Schütte erwähnt insbesondere den Großen Saal im Obergeschoß mit seinem eindrucksvollen Deckengemälde. Diesen Saal kennen wir auch von Aufnahmen des Klever Fotografen Ballizany, der eine Postkartenserie von Schloß Moyland herstellte. Eine tonnengewölbte Holzdecke ist mit einem figurenreichen Gemälde verziert. Hinter einer illusionistischen Balustrade drängen Menschengruppen hervor, die in den Saal hinabschauen. Durch phantastische Kostüme sind sie als Völker der vier damals bekannten Erdteile Afrika, Asien, Amerika und Europa ausgewiesen. In der Mitte der Decke erscheint, umgeben von einem Kranz von Blüten, Früchten und schwebenden Putten, das Wappen des Freiherrn van Spaen und das seiner ersten beiden Gemahlinnen, Hendrina van Arnhem (∞ 1654, † 1671) und Johanna Dorothea Freiin Quadt von Wickradt (∞ 1674, † 1676) mit den Namen dieser drei

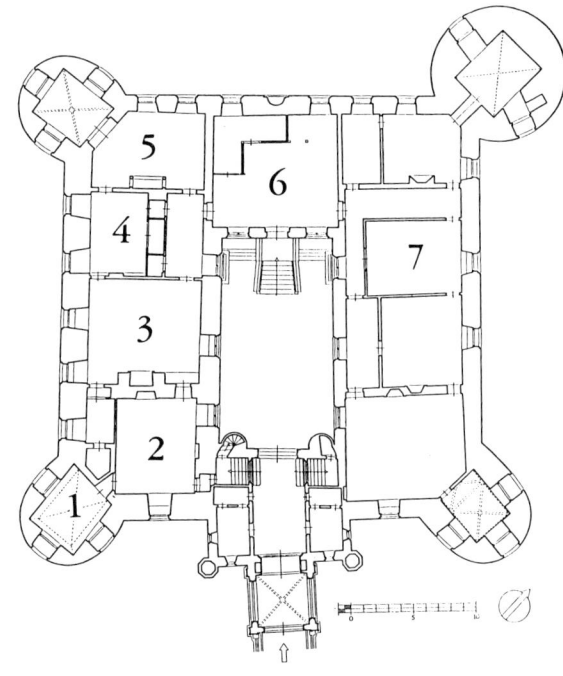

Grundriß des Erdgeschosses des Schlosses Moyland: 1. das Porzellankabinett, 2. ..., 3. das Spaen'sche Zimmer, 4. die Bibliothek, 5. das Wohnzimmer von 1668 mit Erker im Turm, 6. das Vestibül, 7. das Eßzimmer

Längs- und Querschnitt des Schlosses Moyland (S. 13)

12

Personen auf der Banderole unter dem Wappen. Hieraus ergibt sich eine Datierung des Deckengemäldes nach 1674 und vor 1687, als der 1676 verwitwete Alexander von Spaen zum dritten Male heiratete.

Kuppelsäle mit bemalten Decken tauchten zuerst in Italien in der Villa Farnese, der „Grotta della Pioggia", auf (1606-1621). In die Niederlande hat diese illusionistische Deckenmalerei auf Holztonnen Gerrit van Honthorst (Utrecht 1590-1656), der sich 1610-1621 in Rom aufhielt, eingeführt, wie eine von ihm bemalte Decke aus einem Haus in Utrecht von 1622 (heute Getty-Museum, Malibu) bezeugt. Bereits hier findet man die Balustrade, über die sich Musikanten beugen. Der holländische Statthalter Friedrich Heinrich, Prinz von Oranien, bei dem Alexander van Spaen Page gewesen war und der der bedeutendste Bauherr der Niederlande war, ließ in seinen beiden Schlössern Honselaersdijk 1638 und Ter Nieuburg bei Rijswijk 1638/1639 in den Großen Sälen der Obergeschosse die tonnengewölbten Holzdecken

Der Große Saal im Obergeschoß, um 1910,
mit der bemalten gewölbten Holzdecke mit
der Darstellung der vier Erdteile. In der Mitte ein Früchtekranz, gehalten von schwebenden Putten, worin das dreiteilige Wappen van
Arnhem/van Spaen/Quadt von Wickrath zu
sehen ist.
An den Wänden sind Teile der Gemäldesammlung der Steengrachts erkennbar. Links
die Kopie nach Anthonie van Dycks Doña
Polyxena aus dem Prado in Madrid. An der
Stirnseite links neben dem Kamin die Kopie
nach Rubens' „Jagdzug der Diana", auf dem
Kamin ein großes Jagdstück des M. Bloem,
1653. Rechts daneben die Kopie nach Jakob
Jordaens' „Pan bei den Bauern". Auf späteren Abbildungen des Saales ist die Zahl der
Bilder stark reduziert.

Der Große Saal im Schloß Ter Nieuburg bei
Den Haag. Der Saal des von dem Architek-
ten Jakob van Campen für den Prinzen
Friedrich Heinrich von Nassau-Oranien er-
richteten Schlosses war dem Großen Saal von
Moyland ganz ähnlich. Vor allem die bemalte
Holzdecke, auf der hinter einer Balustrade
Bewohner der vier Erdteile dargestellt sind,
und der Kamin sind vergleichbar. Radierung
des Jan van Vianen

Das Wohnzimmer (Nr. 5) mit Durchblick in den Turmerker. Die Stuckdecke trägt das Wappen van Spaen.

bemalen. Das Konzept wird von dem Architekten Jacob van Campen entworfen worden sein, der 1638 die Maler Pieter de Grebber und Paulus Bor für das Malen einer „umgehenden Galerie" im Großen Saal zu Honselaersdijk bezahlte (13). Während von dem Deckengemälde im Saal von Honselaersdijk, das 1815 abgerissen wurde, keine Darstellung überliefert ist, besitzen wir von dem Deckengemälde im Schloß Ter Nieuburg eine Radierung von Jan van Vianen, die uns einen Eindruck von der Malerei des Gerrit van Hont-

horst vermittelt, der 1638 6.800 Carolus-Gulden dafür erhielt (14). Auch hier umgab den Saal eine gemalte Balustrade, über die sich Figuren beugen, die auf der rechten Seite (Motiv des Dieners mit Sonnenschirm) als Darstellung der vier Erdteile zu vermuten sind. Weitere Parallelen bilden der Girlandenkranz mit dem Wappen in der Mitte und Putten, die allerdings dort in reicherer Zahl herumschweben als in Moyland. Der Kamin an der Westseite des großen Saales weist im Aufbau Elemente der Kaminentwürfe von

16

Das Wohnzimmer von 1668 mit Blick auf
den Kamin. Der Durchgang zum Turmerker
trägt eine barocke Bemalung mit Trophäen.

dem niederländischen Architekten Pieter
Post auf. Die gedrehten Säulen und die Ädikula mit Segmentbogen findet man in Pieter
Posts „Ourrages d'Architecture" wieder.
Auch diese Ähnlichkeit ist ein Hinweis dafür, daß der Baumeister des Statthalters Johann Moritz von Nassau-Siegen an dem Umbau von Schloß Moyland beteiligt war (15).
Nach der Beschreibung von Paul Clemen in
den „Kunstdenkmälern des Rheinlandes"
(1892) befanden sich im Westflügel weitere
Räume mit originaler Ausstattung der Ära

des Freiherrn Alexander van Spaen (16): das
Wohnzimmer vom Jahre 1668. Verschiedene
Fotos zeigen eine Stuckdecke mit dem Wappen der Familie van Spaen, einen barocken
Kamin und den Durchblick in das westliche
Turmzimmer, die ehemalige Schloßkapelle.
Das Spaen'sche Zimmer zeigte auf dem Foto
von ca. 1930 eine Wandtäfelung im Stile der
Renaissance, darüber Gobelins mit Szenen
der antiken Geschichte (?). In diesem Zimmer sollen sich 1740 Friedrich II. von Preu
ßen und Voltaire unterhalten haben.

Barocke Dekorationselemente enthielt auch der sogenannte Gerichtssaal im ersten Stock. Der niedrige Raum ist durch eine dreiteilige hölzerne Barriere von dem Hauptraum abgetrennt. Sie öffnet sich in einem breiten Mittelbogen und zwei seitlichen niedrigen Bögen. Das weißlackierte Holz ist mit vergoldeten geschnitzten Festons, Girlanden und Blüten verziert. Die niedrige Decke zierte ein barockes Deckengemälde mit der Darstellung des Phaeton im Sonnenwagen (?), begleitet von Blumenornamenten.

In einem der Räume des ersten Geschosses vor dem Südturm existierte ein weiterer barocker Kamin mit gedrehten Säulen, reich verziertem marmornem Gesims und Wappen. Alexander von Spaen, der 1680 auch ein Stadthaus, die ehemalige Propstei am Kleinen Markt in Kleve erwarb (17), wird nicht oft auf Moyland gewohnt haben, da ihn seine Regierungsgeschäfte – vor allem in den letzten Lebensjahren des geschwächten Statthalters Johann Moritz von Nassau-Siegen – zum ständigen Aufenthalt in Kleve zwangen.

Das sog. „Spaen'sche Zimmer" (Nr. 3) mit dem erhaltenen marmornen Kamin. Über der Vertäfelung Gobelins des 17. Jahrhunderts. Der Tisch im Vordergrund historisierend, 19. Jahrhundert

Der sog. Gerichtssaal im 1. Stock zwischen dem Großen Saal und dem Ostturm. Die Abtrennung zeigt die aus dem 17. Jahrhundert stammende hölzerne Balustrade. An den Wänden Bilder des 19. Jahrhunderts

Das Zimmer oberhalb des Eingangs mit dem großen Südfenster. Der barocke Kamin ist von Zwirner im gänzlich neuerrichteten Bauteil wiederverwendet worden.

Das kurfürstliche, später königliche Jagdschloß

Als Alexander van Spaen 1692 starb, hinterließ er Schloß Moyland und das Haus Biljoen seinem ältesten Sohn Friedrich Wilhelm (Kleve 1667-1735 Biljoen), Schloß Ringenberg seinem zweiten Sohn Alexander Bernhard (Kleve 1669-1745 Kleve). Friedrich Wilhelm trat in die Fußstapfen seines Vaters und machte eine Karriere in preußischen Diensten. Er wurde kurbrandenburgischer Kammerherr, klevischer und märkischer Geheimrat, Landdrost von Kleve und Drost von Orsoy. 1695 verkaufte er seinem Landesherrn, Kurfürst Friedrich III., dem späteren König Friedrich I., für 150.000 Reichskronen Moyland und Till. Nach der Überlieferung hat der Kurfürst, der in Kleve geboren war, dort zeitweilig mit seinem Erzieher Otto Freiherr von Schwerin gelebt und 1681, als er als Kurprinz Statthalter von Kleve wurde, Friedrich Wilhelm van Spaen gegen dessen Willen gezwungen, ihm das Schloß zu verkaufen. In jedem Fall legte dieser alle seine brandenburgischen Ämter nieder und lebte ab 1696 auf Schloß Biljoen bei Arnheim, wo er 1735 verstarb (18).

Die Kurfürsten von Brandenburg besaßen schon längere Zeit neben der Schwanenburg Häuser im klevischen Land zur Pflege der Jagd. So hatte der Große Kurfürst 1666 die Wasserburg Rindern im Neuen Tiergarten erworben.

Nachdem Kurfürst Friedrich III. 1701 in Königsberg zum König in Preußen gekrönt worden war, ließ er auf dem Giebel über dem Portal von Schloß Moyland und über dem Kamin des Großen Saales sein königliches Wappen anbringen.

Eine wesentliche Umgestaltung des Schlosses scheint unter dem neuen Eigentümer nicht vorgenommen worden zu sein. Das Mobiliar wird die Familie van Spaen bei dem Verkauf mitgenommen haben, die Möblierung erfolgte nach Bedarf. So ist z.B. überliefert, daß 1740, als Friedrich II. einige Tage auf Schloß Moyland verbrachte, Möbel aus der Klever Burg dorthin gebracht werden mußten (19).

1731, während der Regierungszeit Friedrich Wilhelms I., zeichnete der niederländische Künstler Cornelius Pronk (Amsterdam 1691-1759) Schloß Moyland von Südosten und von Norden (20). Das Schloß zeigt in seinem Äußeren keine wesentlichen Veränderungen gegenüber der Zeichnung von Abraham Begeyn.

Zur selben Zeit zeichnete der Ingenieurkapitän Simon einen Grundriß von Schloß Moyland innerhalb einer Karte der Königlichen Ländereien (Klevische Kataster, Amt Till-Moyland NWHSTAD VII B, Nr. 8, S. 3) (21). Auf dem Grundriß sieht man das Schloß mit den vier Türmen, die hölzerne Brücke über dem Graben, die Vorgebäude, die ebenfalls über eine Holzbrücke über dem Quergraben zugänglich waren, sowie – und das ist auf Pronks Zeichnung nicht zu sehen – Gartenanlagen im Norden und Süden, wobei der

Cornelis Pronk (1691-1759), Schloß Moyland von Südosten, 16. Juli 1731. Im Tympanon des Torrisalits das preußische Wappen. Aus dem Skizzenbuch der Niederrheinreise. Amsterdam, Rijksprentenkabinet

südliche Garten offenbar ein Ziergarten, der nördliche ein Nutzgarten war. Wie heute erstreckte sich im Südwesten in Richtung Kleve ein Laubwald.

Die weitaus schönsten Ansichten von Moyland überlieferte uns Jan de Beijer (Aarau 1703-1780 Emmerich), der am 28.5.1746, d.h. z.Z. Friedrichs des Großen, das Schloß von Norden und Osten zeichnete (22). Kupferstiche nach beiden Ansichten wurden in Pieter Langendijks „De Stadt Kleef" (1747) und in „Het Verheerlykt Kleefschland" (1756-1760)

veröffentlicht. Bemerkernswert erscheint die zweifache Zugbrücke, die auf sieben Pfosten ruht, und die Tatsache, daß der Putz auf der Naturstudie vom 28.5.1746 Schäden aufweist.

So wird François Marie Arouet de Voltaire, Marquis du Châtelet, das Schloß erblickt haben, als er am 11.9.1740 als Gast des jungen Königs Friedrich II. von Preußen in Moyland einzog.

Friedrich II. war am 28.5.1740 nach dem Tode seines Vaters Friedrich Wilhelm I. an die Regierung gekommen. Schon in seiner Kronprinzenzeit hatte er mit Voltaire seit 1736 korrespondiert, vor allem über sein Jugendwerk, den „Antimacchiavell", dessen Drucklegung der Philosoph besorgen sollte. Voltaires erste persönliche Begegnung mit dem jungen König während seines dreitägigen Aufenthaltes in Schloß Moyland (vom 11. bis 14.9.) stand unter ungünstigen Vorzeichen. Friedrich II. erkrankte in Wesel an einem Fieber, das mehrere Tage anhielt. Auch Voltaire war von der weiten Reise, die er wegen der Erkrankung des Königs von Brüssel aus antreten mußte, erschöpft. Die Begegnung wurde von Voltaire am 18.10.1740 in einem Brief an seinen Freund de Cidéville geschildert:

»Er (Friedrich) sollte damals incognito nach Brüssel kommen. Wir erwarteten ihn dort, aber das Viertagefieber, das er unglücklicherweise immer noch hat, durchkreuzte alle diese Pläne. Er sandte mir einen Kurier und ich reiste ab, um ihn in der Nähe von Kleve zu treffen. Dort begegnete ich einem der liebenswürdigsten Menschen der Welt, einem Manne, der auch dann der Charme der Gesellschaft wäre und dessen Gesellschaft man auch dann überall suchen würde, wenn er nicht König wäre; einem Philosophen ohne Strenge, erfüllt von Güte, zuvorkommendem Wesen und Anmut. Er erinnert sich nicht, König zu sein, sobald er mit seinen Freunden zusammen ist. Ja, er vergißt es so vollständig, daß auch ich es fast vergaß und daß es einer Anstrengung des Gedächtnisses bedurfte,

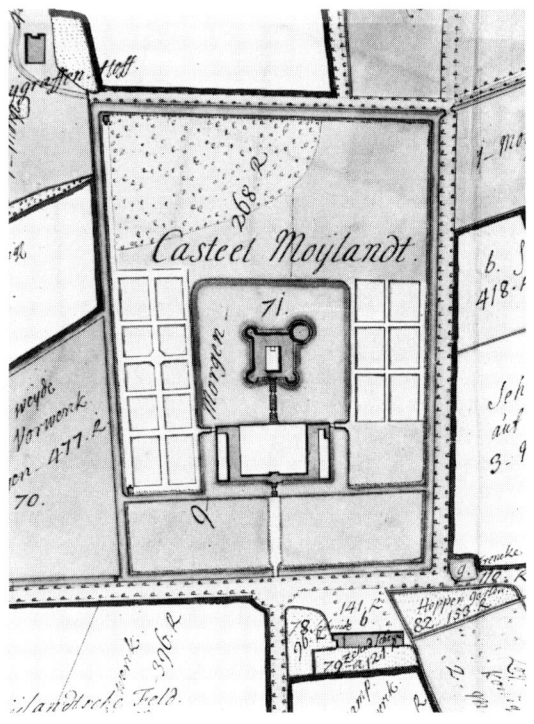

Grundriß von Schloß Moyland, gezeichnet vom Ingenieur-Kapitän Simon, um 1730. Deutlich erkennbar ist das von einem Graben umschlossene Rechteck, in dessen Mitte das Wasserschloß liegt; an Nord- und Südseite ein Nutz- und ein Ziergarten.

*Jan de Beijer (1703-1780), Moyland von
Osten, 28. Mai 1746, Federzeichnung.
Amsterdam, Rijksprentenkabinet*

23

mir zu vergegenwärtigen, daß ich am Fußende meines Bettes einen Souverän sitzen sah, der über eine Armee von 100.000 Mann gebot (23).«

Friedrich II. äußerte sich über Voltaire in einem Brief vom 24.9.1740 an Jordan:

»Ich habe Voltaire gesehen, auf dessen Bekanntschaft ich so neugierig war. Aber ich sah ihn, als ich Fieber hatte, geistig abgespannt und körperlich geschwächt war. Bei Leuten seines Schlages darf man nicht krank sein. Er besitzt die Beredsamkeit Cicero's, die Liebenswürdigkeit des Plinius, die Weisheit Agrippa's. Mit einem Worte: er vereinigt in sich alle Tugenden und Talente der drei größten Männer des Altertums. Sein Geist arbeitet unaufhörlich und jeder Tropfen Tinte, der aus seiner Feder fließt, wird zu einer geistreichen Bemerkung. Er hat uns sein herrliches Trauerspiel MAHOMET deklamiert. Wir waren vor Verzückung außer uns, und ich konnte ihn nur bewundern und schweigen (24).«

Die in den nach dem Zerwürfnis zwischen Friedrich dem Großen und Voltaire 1753 verfaßten (erst nach dem Tode Voltaires veröffentlichten) Memoiren geäußerten negativen Eindrücke über die Begegnung in Moyland sind insofern für die damalige Beschaffenheit von Schloß Moyland eine zweifelhafte Quelle, als Voltaire in seiner Enttäuschung über den König ihn und seine Hofhaltung als barbarisch kennzeichnen wollte. Dort wird das Schloß als zerfallen geschildert, die Gäste sollen in einem „Grenier", einer Scheune, untergebracht worden sein. Das Abendessen wird als unsauber bezeichnet, und Voltaire will angeblich den König in seinem Schlafraum aufgesucht und ihm den Puls gefühlt haben.

Die Begegnung Friedrichs II. mit Voltaire in Moyland war ein Ereignis, das die Historiker und Künstler des 19. Jahrhunderts, die sich mit dem Leben des großen Preußenkönigs beschäftigten, faszinierte, kam doch darin zum Ausdruck, wie konsequent der König unmittelbar nach seinem Regierungsantritt seine philosophischen Neigungen und aufklärerischen Bestrebungen verfolgte. Auch Künstler haben die Begegnung in Bildern festgehalten, z.B. Daniel Chodowiecki in einer Radierung (25), als Dekoration auf Tabatieren (26) und sogar heute noch in Dioramen mit Zinnfiguren (27).

Die Gespräche Friedrichs des Großen mit seinem Gast sollen in dem sogenannten Spaen'schen Zimmer stattgefunden haben, das damals vielleicht einen prunkvollen Kamin aus Marmor enthielt, reich verziert mit Rocaillen, von dem heute noch Teile erhalten sind (28). Zum Mobiliar von Schloß Moyland im 19. Jahrhundert gehörte ferner ein Lehnstuhl, der in dem großen Saal ausgestellt war und in dem Voltaire gesessen haben soll (29). Nach dem Aufenthalt in Moyland begab sich Voltaire über Kleve nach Den Haag, wo er im Haus des Preußischen Gesandten von Raesfeld im Alten Palais wohnte.

Die erste Begegnung Friedrichs des Großen mit Voltaire war der Anfang einer langen und intensiven Freundschaft, die nicht ohne Tiefpunkte verlief. 1750 besuchte Voltaire Friedrich II. in Berlin. 1766 trägt er sich mit dem Plan, eine Philosophen-Kolonie in Schloß Moyland einzurichten, eine Absicht, die Friedrich II. im Hinblick auf die Zerstörung am Schloß, die im Laufe des Siebenjährigen Krieges von den Franzosen angerichtet worden seien, ablehnte.

Wir erfahren aus seinem Brief vom 18.9.1766 ebenfalls, daß Moyland jemandem übereignet worden sei, der sich verpflichtet habe, es zu seiner Benutzung wiederherzustellen. Es handelte sich offenbar um einen Pächter, und Friedrich II. erklärte sich außerstande, den Vertrag zu lösen, bevor der Endtermin der Pacht beendet sei. Der König schlug stattdessen vor, die Philosophen-Kolonie in Kleve anzusiedeln, ein Plan, der letztenendes daran scheiterte, daß die von Voltaire eingeladenen Philosophen der Aufforderung nicht folgten (30).

Die Ära Steengracht

Nach den vielen wechselnden Besitzern, die Schloß Moyland seit seinem Bestehen zu verzeichnen hatte, brach in der zweiten Hälfte des 18. Jahrhunderts eine bis heute andauernde Epoche an, in der das Schloß in der Hand einer Familie verblieb. Die Seeländische Familie Steengracht war ein bedeutendes Geschlecht, das Rechtsgelehrte und Bankiers hervorgebracht hatte. Der Jurist Johan Steengracht (Middelburg 1692-1743 Middelburg) hatte durch Darlehen an den König von Preußen Rechte im Klevischen erworben, u.a. die Herrlichkeit Moyland. Sein Sohn, Adriaan Steengracht (Middelburg 1720-1773 Middelburg), wurde von König Friedrich II. 1751 in den preußischen Grafenstand erhoben und am 29.12.1766 Eigentümer von Schloß Moyland (31). Die in dem Brief Friedrichs des Großen von 1766 erwähnte Verwüstung des Schlosses durch die Franzosen während des Siebenjährigen Krieges (1756-1763) war vermutlich der Grund, weswegen sich der König von dem Jagdschloß trennte. Bereits 1763 wohnte er bei seinem Besuch in Kleve nicht auf Moyland, sondern in der Klever Stadtresidenz „Bellevue" des Alexander Sweder Freiherrn von Spaen (1703-1768), mit dem er durch die gemeinsame Flucht von 1730 eng verbunden war und den er im selben Jahr in den Grafenstand erhob. Von den neuen Besitzern des Schlosses Moyland hat erst Johan Steengracht von Oostcapelle das Schloß Moyland, und zwar

*Unbekannter Künstler, Portrait von
Adriaan Steengracht (1720-1773),
der Schloß Moyland von König Friedrich dem Großen erwarb.
Ölgemälde. Privatbesitz*

Pieter van Hanselaere (Gent 1786-1862), Portrait von
Johann Steengracht van Oostcapelle,
Herr von Moyland (1782 bis 1846), Kunstsammler und Ehrendirektor
der königlichen Gemäldegalerie in Den Haag

im Wechsel mit seinem Schloß Duivenvoorde bei Den Haag, bewohnt. Er hat es mit fürstlichem Mobiliar und bedeutenden Gemälden eingerichtet, wozu sein Vermögen und sein hervorragender Kunstverstand beitrugen.

Die Gemäldesammlung

Steengracht war ein großer Kunstkenner und Sammler niederländischer Gemälde und wurde 1816 von König Wilhelm I. der Niederlande zum Ehrendirektor der neuen Königlichen Gemäldegalerie im Mauritshuis in Den Haag ernannt. Auf diesen Johan Steengracht von Oostcapelle geht die berühmte Gemäldesammlung im Schloß Moyland zurück, die bereits vor 1850 auf Anfrage besichtigt werden konnte. Steengracht interessierte sich auch für die Malerei seiner Zeit und engagierte den in Kleve ansässigen Barend Cornelis Koekkoek (Middelburg 1803-1862 Kleve). Koekkoeks Gemälde „Le Pâturage aux grands Arbres" von 1840 zeigt im Hintergrund das weiß verputzte Schloß Moyland (32). Es ist die letzte uns bekannte Ansicht vor dem neugotischen Umbau. In der Nachfolge Koekkoeks verwerteten auch Cornelis Lieste, Johann Bernard Klombeck und Johannes Tavenraat das romantisch gelegene Schloß in ihren Bildern (33).
Nach dem Tode Johan Steengrachts 1846 erbte sein ältester Sohn Nicolaas Johan (Den Haag 1806-1866 Kleve) Schloß Moyland,

sein zweiter Sohn Hendrik Steengracht van Oosterland (Den Haag 1808-1875) Huis Duivenvoorde. Die mit großer Sachkenntnis zusammengetragene Gemäldesammlung, schon zu Lebzeiten des Johan Steengracht zwischen beiden Schlössern ausgetauscht, wurde nun zwischen beiden Söhnen geteilt. Die Sammlung auf Duivenvoorde, die als öffentliche Galerie seit 1823 am Vijverberg in Den Haag zugänglich war, enthielt offenbar die bedeutenderen Bilder. Nach dem Tode des kinderlosen Hendrik Steengracht van Oosterland 1875 gelangte sie in den Besitz seines Neffen Hendrik Adolfus Steengracht van Duivenvoorde (1836-1912), den jüngeren Bruder des Moyländer Schloßherrn Nicolas Adriaan Steengracht (1834-1906). Nach dessen Tode 1913 wurde in der berühmten Galerie Georges Petit in Paris die Duivenvoorder Sammlung versteigert. Der dreibändige Katalog enthielt 87 Werke alter Meister, darunter Bilder von Aelbert Cuyp, Nicolas Berghem, Adriaan Brouwer, Gerard Dou, Govaert Flinck, Aert de Gelder, Meindert Hobbema, Gerard van Honthorst, Pieter de Hoogh, Gabriel Metsu, Caspar Netscher, Adriaan und Isaac van Ostade, die berühmte Bathseba im Bade von Rembrandt, einige Werke von Rubens, Jan Steen, David Teniers und Willem van de Velde. Auch das Bild Koekkoeks befand sich in dieser Sammlung.
Da es von der in Moyland verbliebenen Sammlung keinen Katalog gibt, sind wir auf einige Reiseberichte und Beschreibungen der zweiten Hälfte des 19. Jahrhunderts angewie-

Aus der Gemäldesammlung (vor 1945)
von Schloß Moyland : Johannes
Appelius (arbeitete in Middelburg),
Johan van de Poort und seine Familie, 1760

sen, ferner auf das nach dem Tode des Nicolas Adriaan Steengracht von Moyland 1906 von dem kritischen Kölner Kunstversteigerer Dr. Heinrich Lempertz aufgestellte Inventar im Nordrhein-Westfälischen Hauptstaatsarchiv Düsseldorf (34) sowie auf einige recht undeutliche Fotos des Klever Fotografen Ballizany von den Innenräumen des Schlosses, auf denen man einige der Gemälde erkennt. Bei den bereits von Clemen in seinem Kunstdenkmälerinventar von 1892 genannten bedeutenden Gemälden von Frans Hals,

Rubens, Jordaens, van Djck, Honthorst und Guido Reni, handelte es sich in Wirklichkeit um Kopien, dagegen sind die dort erwähnten Werke von Nicolaes Maes, Paulus Moreelse und Mijtens als authentische Werke anzusehen. Hervorgehoben wird auch die Sammlung an Möbeln, Gobelins, Porzellan und anderen kunstgewerblichen Gegenständen. Sicher war das Ensemble beeindruckender als die Werke im einzelnen, die einer strengen kunstgeschichtlichen Überprüfung nach Authentizitäskriterien wahrscheinlich nicht

Barend Cornelis Koekkoek (Middelburg 1803-1862 Kleve),
„Der große Baum vor Schloß Moyland",
1840, ehemals in der Sammlung Steengracht,
Öl auf Leinwand. Privatbesitz

Johann Bernhard Klombeck (1815-1893),
Eisvergnügen bei Moyland, um 1850,
Ölgemälde. Privatbesitz

31

Cornelis Lieste (1817-1861), Moyland von Nord-West.
Bleistiftzeichnung aus dem Skizzenbuch von 1840.
Kleve. Städt. Museum Haus Koekkoek

standgehalten hätten. Nach dem Tode des Nicolaes Adriaan 1906 wurde das Schloß Erbe seiner zweiten Ehefrau Irene und seines 1902 geborenen Sohnes Gustav Adolf von Steengracht. Henry von Steengracht, der Sohn aus der ersten Ehe des Nicolas Adriaan van Steengracht, wurde testamentarisch enterbt, erhielt aber nach langem Streit einen Pflichtteil. Der Rest der Sammlung blieb bis gegen Ende des Zweiten Weltkrieges im Schloß Moyland und wurde von Dr. Gustav Adolf von Steengracht vor den anrückenden Truppen der Alliierten in Sicherheit gebracht. Ronald Balfour, der britische Kunstschutzoffizier, war einer der ersten Sieger, der Ende Februar 1944 das Schloß betrat. Er notierte am 3.3.1945, daß in dem halbzerstörten Schloß keine Spur der wertvollen Gemäldesammlung, die in der Baedeker-Ausgabe von 1909 erwähnt wurde, erhalten sei. Er glaubte, daß sie etwa 20 Jahre zuvor verkauft worden wäre (36).

Der neugotische Umbau

Nach diesem Vorgriff auf das Schicksal der Kunstsammlung wenden wir uns nun wieder dem Bauwerk zu. Nicolas Johan Steengrachts Lebenswerk war der neugotische Umbau von Schloß Moyland. Diese Maßnahme, die möglicherweise auch durch den schlechten Zustand der mittelalterlichen Außenmauern notwendig geworden war, entsprach dem Zeitgeschmack der Romantik. Überall im Rheinland wurden Burgen und Kirchen im Stil des Mittelalters umgestaltet oder neu erbaut. Diese Baubewegung wurde durch die Fortsetzung des Kölner Dombaues ausgelöst, die seit 1844 bedeutendste rheinische Bauaufgabe. Aber auch die mittelalterlichen Rheinburgen, die 1815 nach dem Wiener Kongreß, als die Rheinprovinz preußisch wurde, an das Haus Hohenzollern fielen, erlebten eine Restaurierung im Stil der Gotik, bei der Stilelemente der Renaissance oder des Barock beseitigt wurden. Neben dem preußischen Oberlandesbaudirektor Karl Friedrich Schinkel (Neuruppin 1781-1841 Berlin), der für die öffentlichen Bauten in den Städten und die preußischen Burgen und Schlösser zuständig war, dominierte im Rheinland die Persönlichkeit des Kölner Dombaumeisters Ernst Friedrich Zwirner (Jacobswalde 1802-1861 Köln), der 1845 an der Klever Stiftskirche tätig war. Sein Mitarbeiter Friedrich von Schmidt regotisierte 1850 als erste selbständige Arbeit die spätgotische Kirche St. Vincenz von Till. Dies geschah mit Unterstützung des

Portrait von Nicolas Johann Steengracht (1806-1866), der das alte Schloß Moyland von Zwirner umbauen ließ. Lithographie nach van Geel, 1835, Privatbesitz

F.J. Umbach nach Ludwig Rohbock,
Moyland von Nord-Osten, 1855, Stahlstich.
Das neue Eingangsportal mit den flankierenden Türmen
ist bereits fertiggestellt, die Hauptburg
weist noch den barocken Zustand auf.
Kleve. Städt. Museum Haus Koekkoek

Barons von Steengracht, wie sein Monogramm im Chorfenster vom Jahre 1852 ausweist. Über Friedrich von Schmidt (Frickenhofen 1825-1891 Wien) liefen die ersten Ideen zur neugotischen Umgestaltung von Moyland. Im Nachlaß des Baumeisters (Historisches Museum der Stadt Wien) befindet sich der Entwurf zu den Spitzbogenfenstern für Moyland (37).

Die eigentlichen Baudokumente, die vermutlich im Archiv Steengracht aufbewahrt wurden, sind wohl durch die Kriegseinwirkungen verlorengegangen. Erhalten blieb im Tympanon des inneren Portals die Bauinschrift: *Anno Domini Nicolaus Johann Steengracht van Duivenvoorde MDCCCLIV hoc castellum reaedificari iussit opere et arte Zwineri magistri operis ecclesiae maioris coloniensis.*

Als Baubeginn wird das Jahr 1854 genannt, als Baumeister Ernst Friedrich Zwirner, als Bauherr Johann Nicolaus Steengracht van Duivenvoorde. Ernst Friedrich Zwirner hatte 1848-1852 Schloß Herdringen im Kreis Arnsberg als völligen Neubau errichtet (38). Hieran scheint sich sein Entwurf für die Fassade von Moyland zu orientieren. Aus der Zeit des Umbaus stammt eine Zeichnung von Ludwig Rohbock, die, von Friedrich Julius Umbach in Stahl gestochen, im dritten Teil des Buches „Der Rhein und die Rheinlande" 1859 erschien. Zu dieser Zeit war lediglich die Fassade mit der steinernen Brücke vollendet, während der Nordostflügel und Nordturm noch im alten Zustand verblieben. Der Umbau Zwirners beschränkte sich im wesentlichen auf den Außenbau. Hierbei wurden die Mauern mit einer Ziegelschicht ummantelt. Völlig neugestaltet wurde die Eingangsfront des Schlosses. Der barocke Mittelrisalit wurde verbreitert und erhöht. Er erhielt im Obergeschoß nach dem Vorbild englischer Schloßbauten (Hampton Court) ein vierteiliges Fenster, das von zwei schlanken Türmchen gerahmt wurde. Das Portal überdachte ein Portikus am Ende einer sechsbögigen Steinbrücke. Die Türme wurden erhöht und mit einem Zinnenkranz über einem Rundbogenfries abgeschlossen. Offenbar starb Zwirner vor der Vollendung des Umbaus. Auf einer 1869 datierten Zeichnung fehlt der Helm des Nordturms noch, der nach dem Vorbild des Schlosses Arenfelds bei Koblenz, das 1852-1858 von Zwirner umgebaut worden war, ausgeführt wurde. Er erhielt einen Aussichtsumgang und eine Laterne.

Der neugotische Bau wurde sogar mit Skulpturen verziert. Zu Seiten des breiten Fassadenfensters standen auf Konsolen, beschirmt von Baldachinen, zwei Ritterfiguren, deren Schöpfer unbekannt ist. Sie erinnern an die neugotischen Fassadenfiguren, die der Kölner Bildhauer Christoph Mohr schuf. Auch das Tympanon des Eingangs im Innenhof erhielt einen bescheidenen skulpturalen Schmuck von Kapitellen, einem Fries aus Weinlaub und Trauben und dem Wappen des Barons van Steengracht und seiner Gemahlin in den Zwickeln.

Schloß Arenfels bei Bad Hönningen, 1852-
1858 von Ernst Friedrich Zwirner umgebaut.
Der neue Turmaufsatz des mittelalterlichen
Bergfrieds diente nach dem Tode Zwirners
(1862) als Vorbild für den hohen Helm des
Moyländer Nordturmes.

Schloß Herdringen (Stadt Arnsberg), erbaut
von Ernst Friedrich Zwirner 1848 bis 1852.
Die hier abgebildete Front diente als Vorbild
für den Umbau von Moyland.

Haupteingang zum Schloß. Die beiden Hirsche im Vordergrund waren ursprünglich auf der Internationalen Jagdausstellung am Schützenhaus in Kleve, 1881, aufgestellt.

Die Begeisterung für die Neugotik verschwand im Rheinland mit dem Ende des neunzehnten Jahrhunderts. Wieder folgte ein radikaler Geschmackswandel, der die Werke der vorangehenden Generation mit großer Kritik bedachte. So schrieb der Professor an der Staatlichen Kunstakademie Düsseldorf, Richard Klapheck, 1915 in seinem Standardwerk „Die Baukunst am Niederrhein": „Das heutige Moyland ist ganz nach dem Vorbild von Windsor Castle und Hampton Court vercastelt und seines monumentalen, urwüchsigen Charakters beraubt, seit Zwirner, der Kölner Dombaumeister, ihm im Jahre 1854 zahme Kränze der Romantik um Zinnen und Portale geschwungen hat" (39). Dieses scharfe Urteil nahm er 1928 im zweiten Band seiner „Kunstreise auf dem Rhein" zurück und räumte dem Bauwerk romantischen Zauber ein (40). Zweifellos trägt heute die Ruinenhaftigkeit und Einbettung in die Natur sehr zum Charme von Moyland bei. Neunzig Jahre hindurch hat das Schloß seinen Besuchern diesen märchenhaften Charakter dargeboten. Es galt auch als beliebtes Ausflugsziel in die nähere Umgebung des im 19. Jahrhundert florierenden Bades Cleve, wie Ansichtskarten und Fremdenführer bezeugen.

Am 25. Februar 1945 wurde Moyland bei dem Einmarsch der Alliierten hart umkämpft. Verteidigt von der 15. Kompanie des Fallschirmpioniersbataillons Nr. 6 des 18. Fallschirmregiments, wurde es beschossen und schließlich aufgegeben. Ein Flugzeug rammte den Helm des Nordturms. Geschosse trafen vor allem das Dach und die Türme (41). Sofern das Inventar von dem damaligen Schloßherrn Dr. Gustav Adolf Baron von Steengracht (Till 1902-1969 Kleve) nicht in Sicherheit gebracht worden war, wurde es von den alliierten Soldaten zerstört oder geplündert. Moyland wurde in der Endphase des Krieges Hauptquartier der Alliierten. Einer der letzten bedeutenden Persönlichkeiten, die das Schloß besuchten, war am 25. März 1945 der britische Premier-Minister Winston Churchill.

Dem Niedergang des Schlosses entsprach auch das Schicksal seines Herrn. Dr. Gustav Adolf Baron von Steengracht war ein führender Politiker des Dritten Reiches. Nachdem er als Adjutant des Außenministers von Ribbentrop gedient hatte, wurde er 1943 Staatssekretär im Auswärtigen Amt. Wegen seiner politischen Tätigkeit wurde er bei Kriegsende verhaftet und vor das Nürnberger Militärgericht gestellt (42). Die Ruine von Schloß Moyland blieb viele Jahre nach Kriegsende herrenlos und schutzlos dem weiteren Verfall durch Witterung und Plünderungen ausgeliefert.

Winston Churchill, britischer Premierminister, besucht das Hauptquartier der 3. Britischen Infanterie-Division auf Schloß Moyland am 25. März 1945.

Anmerkungen

1. R. Scholten, Urkündliches über Moyland und Till im Kreise Cleve, in: *Annalen des Historischen Vereins für den Niederrhein* 50 (1890), S. 95.
2. F. Gorissen, Die Wasserburg Moyland, in: *Linker Niederrhein–Krefeld, Xanten, Kleve,* Mainz 1969 *(Führer zu vor- und frühgeschichtlichen Denkmälern* Bd. 14), S. 203.
3. Gorissen, *a.a.O.,* S. 203.
4. Johan van Senhem, 1635, erhalten in einer Kopie von Herman van Heijs, 1765 im April: Karten des Banndeiches zwischen Düffelward und Kalkar. Kleve, Stadtarchiv.
5. H.M. Werner, Mr. W.A. Rijksvrijheer van Spaen, Heer van Hardenstein; later: Baron van Spaen la Lecq, in: *Geldersche Volks-Almanak* 1885, S. 27-31.
6. Werner, *a.a.O.,* S. 28
7. P. Clemen, *Die Kunstdenkmäler des Kreis Rees,* Düsseldorf 1892 (*Die Kunstdenkmäler der Rheinprovinz,* II, 1), S. 103-105.
8. H.P. Hilger, *Kreis Kleve* 5, Düsseldorf 1970 (*Die Denkmäler des Rheinlandes*), S. 101, Abb. 310, 313; Für Peter van Trier, vgl. A. Dorgelo, De klokkengieters van Trier enhun werk, in: *Bydragen en Mededelingen der Vereniging „Gelve"* 60 (1961), S. 44 ff.
9. J.J. Terwen, Johann Moritz und die Architektur, in: *Soweit der Erdkreis reicht. Johann Moritz von Nassau-Siegen 1604-1679,* Kleve, Museum Haus Koekkoek 1979, S. 127-142.
10. G.de Werd, Im Auftrag des Kurfürsten. Abraham Begeyn zeichnet Kleve und Moy-

land, 1696/97, in: *Kalender für das Klever Land* 1983, S. 81-88.

11. (Dr. J.H. Schütte), *Amusemens des Eaux de Cleve*, Lemgo 1748. S. 216-217.

12. J.R. Judson, *Gerrit van Honthorst, A Discussion of his Position in Dutch Art*, The Hague 1959, S. 106-126: Illusionism and Court Decoration. J.J. Terwen, The buildings of Johan Maurits van Nassau-Siegen 1604-1679, in E. van den Boogaart (ed.), *Johan Maurits van Nassau-Siegen 1604-1679. A Humanist Prince in Europe and Brasil*, The Hague 1979, S. 70-77.

13. D.F. Slothouwer, *De Paleizen van Frederik Hendrik*, Leiden (1945), S. 76-77, S. 268, Th. Morren, *Het Huis Honselaarsdijk*, Leiden o.J., S. 26-32. Im Kupferstichkabinett des Rijksmuseums zu Amsterdam wird ein Zyklus von sechs Zeichnungen von Pieter Holstein, Entwürfe für eine ähnliche Dekkenbemalung aufbewahrt (Morren, *a.a.O.*, Abb. S. 26-31).

14. Slothouwer, *a.a.O.*, S. 118-120 m. Abb. 38, S. 301. Gerrit van Honthorst erhielt 6.800 Carolus-Gulden für die Bemalung der Dekke, an der er vom 22. Juni 1638 bis 8. Mai 1639 gearbeitet hat.

15. *Les Ouvrages d'Architecture ordonnez par Pierre Post*, Leiden 1715, Pl. 2-3.

16. P. Clemen, *Die Kunstdenkmäler des Kreises Kleve*, Düsseldorf 1892, S. 136.

17. K. Flink, *Kleve im 17. Jahrhundert. Studien und Quellen 3. Teil (1667-1688)*, Kleve 1980, S. 182-184.

18. Werner, *a.a.O.*, S. 31.

Das Zimmer oberhalb des Tores, 1987 (vgl. Abbildung Seite 19, unten)

19. R. Scholten, *Zur Geschichte der Stadt Cleve*, Cleve 1905, S. 88.

20. Amsterdam, Rijksprentenkabinet, Skizzenbuch II, S. 56-57. F. Gorissen, *Altklevisches ABC*, Bonn/Köln 1974, Abb. S. 137, 139.

21. Düsseldorf, Nordrhein-Westfälisches Hauptstaatsarchiv, Kleve Kataster VII B, Nr. 8, S. 3.

22. A. Verbeek, *Die Niederrheinansichten Jan de Beyers*, Essen 1957, Nr. 131-133. G. De Werd, *Jan de Beijer (1703-1780). Zeichnungen: Von Emmerich bis Roermond*, Städtisches Museum Haus Koekkoek Kleve 1980, Nr. 61-62.

23. H. Will, *Voltaire am Niederrhein*, Kleve 197, S. 19.

24. Will, *a.a.O.*, S. 19.

25. D. Chodowiecki.

26. Eine Tabatiere aus dem Besitz König Friedrichs II. wird heute auf Haus Doorn (Ndl.) aufbewahrt.

27. Ausstellungskatalog *Preußen in Zinn*, Berlin 1984, Nr. 31.

28. Hilger, *a.a.O.*, S. 102, Abb. 330-333.

29. Manchmal wird in den Reisebeschreibungen auch der Stuhl des Königs erwähnt. S. Kalff, *In het Land van Kleef*, Haarlem o.J., S. 73: „En daar staan ook de beide historisch stoelen, die van Frederik den Groote en van Voltaire. 't Zijn nog soliede meubelen, fraai-ouderwetsch, met hooge opstaande ruggen van gevlochten rotting en fluwelen kussens op de zitting. Aan den eersten hangt een kleine kopergravure, den Ouden Frits voorstellende met zijne scherpe trekken, zijn steek en zijn stokje, dat meer dan eens neerkwam op den rug van den plattelandsschoolmeester, od den nalatigen lakei."

30. Will, *a.a.O.*, S. 113.

31. J. B. Rietstap, Genealogie Steengracht, in: *Heraldieke Bibliotheek 1875*. – S. de Lange, Schloß Moyland und die Steengrachts, in: *Kalender für das Klever Land* 1986, S. 60-64.

32. F. Gorissen, *B.C. Koekkoek (1803-1862). Werkverzeichnis der Gemälde*, Düsseldorf 1962, Nr. 40/78. Das Bild befindet sich heute in norddeutschem Privatbesitz.

33. 1840 zeichnete Cornelis Lieste das Schloß in seinem Skizzenbuch (Kleve, Städtisches Museum Haus Koekkoek, Katalog 1974, Nr. 168); das Gemälde von J.B. Klombeck, Eisvergnügen bei Moyland, im Kunsthandel. Tavenraat, Das alte Schloß Moyland 1840, 1967 in der Galerie Paffrath, Düsseldorf.

34. Nordrhein-Westfälisches Hauptstaatsarchiv Düsseldorf, Bestand Notar Rath Kleve (1906-1907), REP. 4825-624, freundl. Hinweis Rektor Wilhelm Haas, Kleve.

35. Die laienhaften Verfasser der vielen Reisebeschreibungen übernahmen die 1892 von Paul Clemen in seiner Beschreibung des Schlosses aufgestellte Liste. Es ist erstaunlich, wie fehlerhaft und wenig sachkundig Clemens Beschreibung des Schlosses ist. In der Fachliteratur der damaligen Zeit erscheinen die angeblichen Meisterwerke auf Moyland nicht.

36. R. Balfour, Official List of Protected Monuments, Date 3 March 1945 (Fotokopie

im Stadtarchiv Goch): „4. Schloß Moyland. Half-destroyed by shall-fire and remainder completley.... ted. No trace of the valuable picture collection, mentioned in Baedeker's Rhine (1909 edition) - believed to heave been sold some twenty years ago. A bundle of family papers found scattered on a floor in the roofless drawing-room was collected and brought to CLEVE for save -.... ing".

37. H.P. Hilger, Zur neugotischen Wiederherstellung der Pfarrkirche in Till bei Kleve durch Friedrich von Schmidt, in: *Jahrbuch der Rheinischen Denkmalpflege* XXVI, S. 319-347, Abb. 355.

38. H. Kahmen, *Herdringen, Arenfels, Moyland, Drei Schloßbauten Ernst Friedrich Zwirners*, Diss. Frankfurt 1973, S. 7-38.

39. R. Klapheck, *Die Baukunst am Niederrhein*, 1916, S. 44-45.

40. R. Klapheck, *Eine Kunstreise auf dem Rhein. Von Mainz bis zur holländischen Grenze*, 1928, S. 458.

41. A. Daamen, Die letzten Tage des Schlosses Moyland. Ein Augenzeuge berichtet aus eigenem Erleben, in: *Kalender für das Klever Land 1988, S. 78-82.*

42. Vgl. W. Maywald, Die Splitter des Spiegels, München 1984, S. 86, 195. - Für seine Aussagen als Zeuge der Entführung im Prozeß Ribbentrop, vgl. *Der Prozeß gegen die Hauptkriegsverbrecher vor dem Internationalen Militärgerichtshof*, Bd. 10, Nürnberg 1947, S. 124, – 177. Über die Beziehung von Dr. G.A. Baron Steengracht mit seinem Halbbruder Henry Baron Moyland in London und den Spionageverdacht, vgl. *Verslag van de Nederlandse Enquete-Commissie over het Regeringsbeleid in de jaren 1940-1945*, Den Haag o.J., S. 819, 896 und Bijlage 23.

Guido de Werd

Luftaufnahme von Schloß Moyland nach Beginn der Sicherungsmaßnahmen, 1988. Links die zerstörte Vorburg, in der Mitte das Schloß im versumpften Graben.
Luftbild von Elmar Hartmann, Freigabe-Nr. 79 A 9, Reg.-Präsident Düsseldorf

Hermann Teuber (1894-1983).
Die Ruine des Schlosses Moyland 1955.
Kalkar, Städt. Museum

Vorbemerkung zu Otto Brües

Der ungedruckte Nachlaß des 1897 in Krefeld geborenen Otto Brües ist noch nicht gesichtet. Er besteht aus zahlreichen Schauspielen, Romanen, Erzählungen, Kurzgeschichten, Gedichten, Essays und Feuilletons. Kartons voll von Briefen und Tagebüchern gehören ebenfalls dazu. Auch in dem gedruckten Werk – es umfaßt in der Bibliographie der Stadtbücherei Köln 365 Nummern – gibt es keinen Hinweis auf die Novelle „Schloß Moyland". Einzig in den zehn Tagen nach dem Tode von Otto Brües am 18.4.1967 erschienenen Lebenserinnerungen heißt es auf Seite 193: „Mir wurde von Monat zu Monat gewisser, daß der Kampf zwischen der Tätigkeit des Redakteurs und der des Schriftstellers auf die Dauer meine Kraft überstieg, als sich mir die Möglichkeit anbot, die Verwaltung des großen Feuilletons (der ‚Kölnischen Zeitung') wieder abzugeben und wieder mehr an meinen Erzählungen zu arbeiten, wie den ‚Affen des Großen Friedrich', dem ‚Gauklerzelt', an der Novelle ‚Schloß Moyland' und an den ersten Kapiteln des Romans um den Maler Simon Meister."

Demnach ist die Novelle in den Jahren zwischen 1937 und 1941 entstanden, eher zwischen 1937 und 1939, als Otto Brües zum zweiten Mal in seinem Leben Soldat werden mußte und die künstlerische Produktion sich notwendigerweise einschränkte. Ich nehme aber an, daß ihm der Gedanke zu dieser Dichtung bereits zu Beginn der 20er Jahre gekommen ist, als alles, was er schrieb, noch enger mit der Jugend am Niederrhein verbunden war. Er trug auch sonst Pläne für eine Arbeit oft viele Jahre, manchmal Jahrzehnte, mit sich herum.

In Krefeld, bereits seit 1702/03 mit Moers eine preußische Besitzung, war man preußischer gesonnen als andernorts. So ist die Auseinandersetzung mit Preußen ein kräftiger Faden im Lebenswerk von Otto Brües. Probismarckisch erzogen, drei Jahre im Schützengraben des Ersten Weltkrieges, wußte er sehr wohl um beide Seiten Preußens. Seiner im Grunde epischen Natur entsprach es, keine einseitige Ansicht von Personen und Sachen zu entwickeln. In „Die Affen des Großen Friedrich" wird der König nicht als Kriegsheld gefeiert, sondern als Freund der Kreatur gezeigt, der seine kranken Affen nach Afrika zurückbringen läßt.

Oft liegt den Dichtungen eine nur in wenigen Sätzen überlieferte Begebenheit zugrunde; so auch der Novelle „Schloß Moyland". Der Dichterphilosoph Voltaire las dem König dort sein Drama "Mahomet" vor - mehr ist über diese Begegnung nicht bekannt. Dieses Faktum nutzt Brües, um die Gestalt eines jungen, noch unfertigen, physisch und psychisch gebeutelten Königs zu zeichnen, der sich – zum Entsetzen Voltaires – für den Machtmenschen Mahomet entscheidet.

Die Novelle erschien 1943 in der Reihe „Wiesbadener Volksbücher" ein erstes Mal. In der Einführung heißt es: „Dieser O.B. ist... eben ein wirklicher Erzähler, ein Fabulierer, der, indem er den Teppich des Lebens vor uns ausbreitet, uns den Sinn... der erzählten Einzelschicksale und Zeitabschnitte deutet, ohne daß wir es merken." Er selber formulierte sein Anliegen so: „Vergangenes lebendig zu machen und Gegenwärtiges im Überkommenen zu verankern."

In der zweiten, sorgsam bebilderten Auflage von 1967 (Mercator-Verlag, Duisburg) sagte Brües im Vorwort: „...aber gerade, weil der Krieg das Schloß zerstört hat, mag die Geschichte jener Begegnung noch einmal ins Land geschickt werden."

Nun erscheint sie ein drittes Mal, eben weil „unter dem Gesetz des Wechsels", wie Brües es nennt, Wiederaufbau und neue Nutzung von Schloß Moyland unmittelbar bevorstehen.

Dr. Eva Brües

Moyland 1987

46

Schloß Moyland

Als der junge König, den Blick auf die steinernen Götter gerichtet, durch das Berliner Tor in die Festung Wesel einritt – die Wagen folgten in geziemendem Abstand –, lief ihm, lodernd und flackernd, eine Hitze durch den Körper, und plötzlich brannten seine Wangen. Friedrich schob das Unwohlstein auf die Erinnerungen, die beim Betreten dieser Stadt (wie konnte das anders sein!) ihm durch den Kopf, durch das Herz jagten; nicht schattenhaft drohend, nein, überdeutlich beim Anblick dieser Straßen, in die er einst in Ketten als Gefangener verbracht worden war. Aber von Erinnerungen, behauptete ungefragt und besorgt der von Minden auf den Befehl des Königs mitgereiste Arzt, von Erinnerungen komme kein Fieber. Nun war gewiß Wesel ein Ziel der Reise, der ersten, die der König nach Antritt seines hohen Amtes unternahm, und hinter Wesel sollten noch andere Städte kommen, Städte des eignen Reiches, Städte Kurkölns, Städte des Auslandes; aber das Ziel hinter den anderen Zielen hieß Brüssel. Und warum? In Brüssel weilte zu dieser Zeit, übrigens in Geldgeschäften der Marquis du Châtelet, der Philosoph und Dichter Voltaire.

Das Fieber war stärker als der Wille, die Reise nach Brüssel mußte aufgeschoben werden, der König wälzte sich schon am frühen Nachmittag ruhelos auf seinem Lager, und Dr. Sebalt, der Arzt, erklärte in seiner strik-

ten Art rauhkehlig, keine Stadt sei ihm so ungelegen wie dieses Wesel. Die andern Herren belächelten seinen Eifer und meinten, er übertreibe, wenngleich auch ihnen die Festungsstadt, an Berlin gemessen, recht kümmerlich schien; war's denn das erstemal, in den wenigen Wochen nach der Thronbesteigung, daß den König das Fieber gepackt hatte, in Berlin und Potsdam so gut wie jetzt in Wesel? Doch der Arzt sagte, er wisse, was er wisse, und darauf ließ sich nicht viel einwenden, er sprach hier als der Mann vom Fach.

Und wahrhaftig griff das Fieber in Wesel den König anders an als sonst. Nicht, daß die Festungsstadt von Sümpfen umgeben oder unsauber gewesen wäre; sie leuchtete frisch und war blank gefegt wie alle Städte und Dörfer am niedern Rhein bis nach Holland. Die Fensterscheiben glitzerten, die Gardinen schimmerten weiß und bunt, die Tische waren mit Sand weißgerieben, die Fenster mit Blumentöpfen geschmückt, und vom Strom her, nein, weiterher, vom Meere wehte würziger Wind durch die Straßen.

Aber in dieser Stadt war der König, als man ihn noch den Kronprinzen nannte, wider alles Erwarten und zu eignem, tiefstem Erschrecken als ein Mensch behandelt worden, der die Fahne floh; die Fahne mit dem Adler der preußischen Kurfürsten und Könige zusamt dem eingesticktem Wahlspruch „er weicht nicht einmal der Sonne", und der

Thronfolger hatte doch nur das Antlitz des Vaters fliehen wollen, die Schande und die Schmach und das Verbot, mit Musik und Büchern zu leben, wie's einem jungen Menschen aus fürstlichem Haus anstand, Ja, das war in dieser Stadt gewesen!

Während der König sich auf seinem Lager hin und her warf, sah er ein Licht und wußte nicht, wo es entquoll. So war's auch in der schmalen, hohen Zelle gewesen; man hatte nicht gewußt, woher das Licht strömte, es fiel aus hochgelegenem Fenster ein und teilte mit dem Lichte des Himmels seinen erhabenen Namen. Es war aber nur ein matter Nachglanz – und jetzt, wo sich der König wiederum in Wesel aufhielt, jetzt erinnerte er sich, wie er's lange Stunden hindurch vermieden hatte, den Krug mit seinen Lippen zu berühren, und dann doch, überdurstig, von dem Wasser trank; wohl war es kühl gewesen, doch faulig auch.

Nun sah der König, daß der goldene, das Zimmer erhellende Schein von zwei blitzenden Leuchtern floß, die der Kammerdiener im Grunde des Raumes aufgestellt hatte; ein milder, vertrauter Schein, bei dem sich's, ist man nur gesund, behaglich lesen läßt, Pindarus und Horatius, Corneille, Racine und – Voltaire. Friedrich griff nach den Büchern, die für ihn bereitgelegt worden waren, aber die Buchstaben flackerten vor seinen Augen, die Zeilen wogten gleich Wellen auf und ab, es dünkte den König also schon besser, auf das Lesen zu verzichten. Auch brannten die Kerzen nicht in gleichbleibendem milden

Licht; ein Wind, wer weiß, woher er kam, ließ sich auf und nieder lohen, mit ihm lohte der Glanz über den Spiegel, der zwischen den Leuchtern stand, und jetzt wußte der König, woher das Spiel des Lichtes quoll. Doch sank Friedrich für eine Weile zurück in die Kissen, die Stunde war gekommen, in der brausende Chöre, niemals gehörte Musik seine Sinne, sein Herz erfüllten, er wußte wohl, daß nirgendwo Geiger und Bläser aufgestellt waren, und glaubte nicht an Engel, aber eine Musik wogte durch den Raum, von elysischer Abkunft, sie ließ sich nicht verleugnen, Speise der hungernden Seele, und ein Tor war, wer sich daran nicht sättigte.

Dieser umflutete Spiegel in einem goldenen, geschweiften Rahmen, ein großes, längliches Rechteck, das von lauter Glasquadraten umgeben war, gab nicht nur das Bild des durchdämmerten Zimmers zurück: eine Kante des Bettes, den Aufsatz des Schrankes, die untern Zapfen des kristallenen Lüsters, in dem keine Kerze brannte, und noch einen Fetzen des schäferlichen Gemäldes an der Wand. Der Spiegel schien für die gereizten Sinne des Fieberkranken in zehrender Unersättlichkeit auch das wiederzugeben und zurückzustrahlen, was jenseits der Wände lag – nämlich ein Reich aus lauter braunen und grauen Nebeln, durch die als Lichtschächte die Strahlen der Sonne hindurchstachen. Die Formen dieses Reiches, mit fließenden Umrissen gleich schwebenden Wolken, wandelten sich mit der tropfenden Zeit. Friedrich wußte, daß Traumgestalten vor ihm auf- und niederstie-

48

Friedrich der Große und Voltaire

gen, er schauerte noch davor zurück, sich der saugenden Kraft des Spiegels anheimzugeben. Aber wer ist Herr seiner Sinne? Mitten in dem Spiegel glomm ein betörendes Licht; dort hineinzuschauen schien höchste Lust; schauen konnte nur, wer sein Auge dicht über den Spiegel hielt, als sei es die Oberfläche eines Brunnens; so hob sich der König aus den Kissen. Er besann sich plötzlich, als er die ledernen Nachtschuhe sah; er lachte, wer läßt sich von einem Spuk ergreifen, solange er noch Pantoffeln erkennt und an die Füße streifen möchte! Dann sah der König das friedliche Licht auf dem Schränkchen dicht neben seinem Bett.

Mildes Licht, das nicht trügt; sanftes, versöhnendes Licht! Der König ergriff es und ging in seinem Nachtgewand langsam auf den Spiegel zu, er trug das gute Licht wider das täuschende. Er wußte nicht mehr, daß er so wandelte, das Fieber trieb ihn. Er war nicht leicht, nicht schwer; er schritt nicht und schwebte nicht; und in den Ohren war wieder ein Sausen, immerzu, schön und beängstigend. Nun stand Friedrich vor dem Spiegel und hielt die Kerze hoch über sich, beugte sich langsam nieder, gewillt, das innerste Licht zu schauen. Plötzlich ließ er die Kerze fallen und schrie. Sie verlosch, aber die andern Kerzen brannten weiter, hin und her getriebene Flämmchen, zuckend, züngelnd, Tropfen von brandiger Glut, Tränen einer dunklen Wimper, und nun kreisten und kreisten sie. Und der Schrei hallte durch das Haus.

Der Schrei weckte die Begleiter des Königs. Der Graf Keyserlingk, von den Rheinsberger Tagen her, in denen alles Geschehen auf die Taten und Tage der Alten zurückbezogen wurde, Cäsarion genannt, wohnte im dritten Zimmer neben dem des Monarchen. Er blätterte in dem Büchlein wider den Machiavell, das der König nicht mehr im Handel sehen wollte; er wußte, daß er wenigstens dieses Exemplar nicht hinzugeben brauchte, trug es doch die Widmung des Fürsten. Voltaire sollte helfen, in Frankreich die Schrift aufzukaufen; auch das war ein Grund für die Reise nach Brüssel gewesen, die nun in Frage gestellt war. Und Cäsarion seufzte.

Denn der König, auch wenn er sich nicht salben ließ wie sein Großvater, war nun ein anderer Mensch als vorher. Die Jahre des sanften, schönen Lebens lagen hinter dem König und denen, die er liebte; wen er seinen Freund nannte, der kam nicht mehr aus dem Sattel. Und wer nun etwa fragte, wie sich das mit den Gedanken des Antimachiavell vertrüge, brauchte nicht auf Antwort zu warten; Friedrich verleugnete nun das frühe, mit Leidenschaft und Herzlichkeit verfaßte Buch. Armer Cäsarion!

Der Arzt, im zweiten Zimmer nebenan, saß am Tisch und schrieb. Beim Durchreiten der Mindener Garnison zum König befohlen, ein unbekannter Feldscher, wußte er aus der Art, wie der König sich gab, daß nun auch für ihn, den simplen Regimentsarzt, die Stunde gekommen war: wenn ein Monarch, so würde dieser anpacken und durchsetzen, was anzupacken und durchzusetzen war, und in der Sanität, das wußte der Doktor Sebalt, gab es noch vielerlei zu tun. Was alles, das sammelte sich in der Denkschrift an, die er nun, in den freien Stunden, gewissenhaft abfaßte, um sie dem König vorzulegen, ehe er nach Minden entlassen würde. Im Vorzimmer saß der Kammerdiener, er hatte schon jahrzehntelang dem seligen König beigestanden. Das gab ihm ein Recht, am Tische sitzend, den Kopf auf den Arm gelegt, zu schlafen, und so geschah's, daß eben er den Schrei nicht hörte, der das Haus durchhallte. Als freilich der Arzt und hinter ihm der Graf Keyserlingk in das Zimmer prallten, wachte auch er auf und wies mit einer hilflosen Geste hinüber in das Zimmer des Königs. Dann ging er hinter den beiden erregten Männern zur Tür.

Noch verhielt Friedrich vor dem Spiegel. Nachdem jener Schrei verhallt war, gab der König zunächst keinen Laut mehr von sich; aber die Erregung überzuckte sein Gesicht wie knisterndes Feuer. In einer wilden Raserei brannten in ihm die Gedanken ab; er hatte ein Gefühl, als wenn kaltes Eisen sich an seine Schläfe presse. Der König war bis zu dieser Stunde des Glaubens gewesen, daß er sich kenne: das war sein Ehrgeiz, das war sein Stolz. Er hatte sein Tun mit gliedernden Gedanken selber zerlegt und allen Überschwang des Handelns in sich selbst niedergedrückt; er hatte jedesmal das Warum und Wozu bis zum Überdruß erwogen, als ein Mensch, der nicht triebhaft, dumpf und düster dahinleben will, sondern als ein Wesen,

das begabt ist zu denken, zu vergleichen, zu wissen und sich selbst zu erkennen.

Er hatte sich von großen Künstlern malen lassen, etwa diesem Pesne, der in seinem Pinselschlag Frankreichs Herrlichkeit erblühen ließ, und er kannte das Oval seines Gesichtes, die roten und festen Wangen, die großen, großen Augen, die offen und wollend blickten, die hohen, scharf ausgezeichneten Halbkreise der Brauen und die schweren, straffen Lider; er kannte die Nase, die einen schmalen Sattel hatte, und die geschwungenen Lippen, die groß und fest waren, Lippen, die zu bilden sich die Natur Zeit genommen hatte; er kannte das runde, gekerbte Kinn und meinte zu wissen, warum das alles so gebildet war, und triumphierte, weil in seinem Antlitz die Mutter fortlebte.

Die Mutter – eine feine, gute, eine prächtige Frau, und wie töricht, ach, wenn sie gegen den Willen ihres Mannes sich ins politische Treiben einließ und ihn gerade dahin brachte, wohin sie ihn lieber nicht gehabt hätte; und in aller Schwäche eben doch die Mutter, seine, des Königs Mutter, ihre, der Markgräfin von Bayreuth Mutter und die Mutter der andern Geschwister, von fraulichem Wesen und wohl zur Königin geschaffen; sie, ja, sie lebte in dem Antlitz fort, das der König in der alten Lust, sich selbst zu beschauen, vor diesen geheimnisvollen Spiegel gehalten hatte.

Aber als Friedrich sich nun wieder betrachtete, sah er plötzlich einen andern Menschen als den, den er zu finden gewohnt war; er

kannte diesen andern Menschen wohl und wollte sich's nicht eingestehen und brachte es auch nicht über sich, von dem Spiegel fortzutreten; es war der Mann, unter dem er gelitten hatte wie unter keinem: mit rotem Gesicht, schweren Tränensäcken unter den Augen und einem steinharten Kinn; der breite, eiserne König, der mit Bären spielte, der mit Narren soff, der die Generäle unter den Tisch trank und sich selber plagte, sein ärgster Feind, sein eigener Schinder, und der mit Gott ringend verblich, am letzten Tage des Mai, arme, leidende Kreatur. Der Mann, der seinem Sohne den Wuchs verbogen hätte, wäre das sein Wille gewesen, und der ihm, was viel schlimmer war, der seine Seele verbogen hatte – damals, in Wesel und in Küstrin! Und der Mann, der, angesichts des Todes, dem Sohne gestanden hatte, warum er das getan und wie er regiert hatte, einer, der den Staat und die Staatlichkeit ein- und ausatmete wie andere Menschen die Luft, und dieser Staat, sein Staat, hieß Preußen! Und der so, das Geheimnis weitergebend, das köstlicher war als alles Öl der Salbung, mit seinem Sohne auch zuinnerst Frieden geschlossen hatte wie der mit ihm, aber den Frieden nach einer Schlacht, und auf den Wunden saß der Schorf. Und als der König im Spiegel sich nun auch leiblich, um und um geformt, als den Sohn Friedrich Wilhelms erkannte, mit dem dunsigen, roten Gesicht, über das die Fieber zuckten, und sich nun ganz auf der Bahn sah, die der Vater bestimmt hatte, da schrie er auf, ein einziges Mal und später nie mehr in seinem Leben. Das war der Augenblick, in dem Cäsarion, der Arzt und der Leibdiener aufsprangen und in das Vorzimmer stürzten. Als sie nun, von dem gräßlichen Schrei herbeigerufen, zum König selbst vordrangen, stand der an die Wand gelehnt und sagte, während er die Hand seltsam bewegte (es war, als ob er mit ihr wedle): „Mein Vater ist mir erschienen!" Sie stutzten; denn daß der König, der einen Voltaire zu Brüssel besuchen wollte, ein aufgeklärter Mann, von Erscheinungen sprach, dünkte sie seltsam, und der Arzt erkannte, wie sehr den König das Fieber noch peinigte. So redeten sie zu dritt auf den Monarchen ein. Er ließ sich nun ohne Widerspruch ins Bett schaffen und trank geduldig den Tee, den ihm der Diener verabreichte. Endlich flüsterte er leise vor sich: „Ich wollt' euch noch etwas sagen – was nur?"
Er schaute wieder in den Spiegel, suchte noch einmal nach dem zwiegesichtigen Bild, sah nunmehr nur sich selber und wußte plötzlich, daß er sich durch das Fieber hatte narren lassen wollen. Cäsarion hob die durch den Sturz ausgelöschte Kerze vom Boden auf. Der Kammerdiener wickelte seinen Herrn in die Decke, der ließ es willenlos geschehen. Der Arzt schob den Spiegel vorsichtig an eine Seite des Zimmers, so daß es dem König vom Bett her nicht mehr möglich war, das Spiel zwischen den flackernden Kerzen und den tiefen, sich wandelnden Hintergründen des Spiegels zu betrachten, noch sich von ihm hinüberreißen zu lassen.

Sie saßen noch eine Weile beim König und warteten, bis er eingeschlafen war; sie hören an den Atemzügen, daß das Fieber noch nicht gewichen war; aber die ängstenden, die lastenden Vorstellungen schienen geschwunden. Cäsarion blätterte in den Büchern, die auf dem Nachttisch lagen; diesmal waren es nur Schriften Voltaires, lauter seidene Bänder bezeichneten die Seiten, die Gedanken und Bilder, derentwegen Friedrich den Dichter befragen wollte.

Inzwischen war der Abend hereingebrochen, von den Kasernen schollen Signale, Trommeln dröhnten und Pfeifen zwitscherten über den Platz, ein Regiment rückte zur Nachtübung aus. Wenn sich der König von diesen Stimmen der Außenwelt nicht wecken ließ, so schlief er tief und fest der Genesung zu. Darum schickten die getreuen Wärter sich an, das Zimmer zu verlassen; sie hoben sich dabei auf die Zehen, um den König nicht zu wecken.

Als die Tür zum Vorzimmer schon geöffnet war, hörten sie die Stimme des Monarchen; er bewegte sich nicht und wendete das Antlitz nicht von der Wand fort.

Er sprach nicht etwa erregt, sondern gelassen; auch nicht laut, sondern leise und eindringlich.

Die Frage war so kurz, daß Cäsarion und der Arzt sich fragend anblickten, aber der König wiederholte seine Worte, so daß sie, nunmehr aufmerksam gemacht, nicht daran herumzudeuteln brauchten.

„Wann reisen wir nach Brüssel?"

Der Arzt ging, statt eine Antwort zu geben, zu dem Bett des Königs hinüber und faßte den Puls des Kranken an. Der König konnte nicht sehen, daß der Feldscher aus Minden die Stirn in Falten zog, er spürte aber wohl, daß der Mann nicht zufrieden war.

„Sollen wir Voltaire hierher bitten?"

Der das fragte, war Cäsarion; er wußte, daß der König imstande war, gegen alle Gesetze der Vorsicht zu freveln und trotz seiner Krankheit weiterzureisen; darum versuchte er, solcher Möglichkeit entgegenzuwirken.

Nach langer Pause sagte Friedrich: „Hierher? Nach Wesel?"

„Wenn nicht nach Wesel", antwortete Keyserlingk, „so doch in die Nähe! Weit zu reisen, empfiehlt sich nicht!"

Friedrich lag immer noch unbewegt; er wußte, daß ihm die Ruhe wohltat, und zwang sich zu seiner Starrheit; aber der Ton, mit dem er nun dem Grafen antwortete, war von Freude durchströmt.

„So weiß ich doch endlich einmal", sprach der König, „warum uns Brandenburgern das Schloß Moyland gehört. Du bist und bleibst Cäsarion, dein Einfall ist gut. Veranlasse, was nötig ist, nun will ich weiterschlafen."

Aber dann sprach der König doch noch einmal.

„Es könnte sein, daß einer von euch mich hat schreien hören, soeben, als ich an den Spiegel ging. Keiner hat geschrien, nicht wahr? Wollt' es einer doch behaupten, ich sag' ihm, er lügt. Und wer wird seinen König Lügen strafen!"

Auch diese Worte fielen in dem leisen, eindringlichen Flüsterton, die Herren und der Kammerdiener blickten einander an; dann gingen sie hinaus. Der Kammerdiener setzte sich ins Vorzimmer und hielt wiederum Wache, wiederum lag sein Arm auf dem Tisch, der Kopf auf dem Arm, so ließ sich wohl schlafen, ohne daß die Wachsamkeit litt. Als draußen Hufschlag erscholl, flüsterte Friedrich vor sich hin: „Der Kurier nach Brüssel!" Und er setzte noch ein Wörtchen hinzu, und er mußte lächeln, als er es aussprach, und sein Körper zuckte, wie von einem Gelächter durchronnen.

„Wenn Voltaire hierher reist ... das kommt mich teuer zu stehen!"

Dann war endlich die Nacht da, vergessen die Zitadelle von Wesel, vergessen das Bild des Vaters im Bild des Sohnes, vergessen der Schrei – und viele Sterne leuchteten durch die steinernen Wände hindurch in das Gemach des Königs. Nur einer schlief nicht: Cäsarion. Mit der Liebe des Freundes über die Kluft von Rang und Geist hinweg sann er den Worten des Königs nach; wog er das fürstliche Gebot, das der Kranke wachen, wachsten Sinnes ausgesprochen.

War der, der da aufgeschrien hatte, noch der witzige, spöttisch lächelnde und geistreiche Mann, dem es ein Lebensziel gewesen, kurzweilig zu plaudern, die besten Bücher zu lesen, schwärmerisch zu musizieren und das Leben zu einem wohlgeordneten, wohlbeschnittenen Garten zu machen, wie der zu Rheinsberg war? Der Mann, der Gott leug-

nete, die Vernunft und die Schönheit zu Göttinnen setzte und eine Akademie gründete? Ein Mann, der sich so schütteln ließ, der so schreien konnte, war von Pfeilen durchbohrt, an ein Kreuz genagelt – der trug für andere tausendfältiges Leid.

Und darum setzte sich der Graf vor ein Notenblatt und ließ, wohl geübt, lesend eine Partitur erklingen zu lassen, die Melodien tönen, die Friedrich mit eigener Hand aufgezeichnet hatte: wie da alles ziervoll und ebenmäßig geordnet war, voll Anmut, voll Süße – Musik, wie sie auch andere Männer im Lande fanden, Cäsarion tröstete sich damit, daß einer, der aus solch kristallenem Fluß schöpfe, eine kristallene Seele haben müsse.

Drei Tage lang lag der König noch im Fieber, aber er wälzte sich nicht mehr in seinem Bett und sprang auch nicht mehr von seinem Lager auf, er schlummerte unbeweglich, und darin äußerte sich die neu erwachte Kraft seines Willens. Am vierten Tage war das Fieber gewichen.

Friedrich hatte wieder Lust zu lesen und ließ sich Voltaires Schriften aus der Handbücherei bringen, nicht die nur, die neben seinem Bette lagen, und harrte so des Boten, der ihm die Nachricht von Brüssel bringen sollte. Der Kurier ritt denn auch am Abend des vierten Tages in Wesel ein, und der König befahl den Ausritt. Er glaubte, ihn wagen zu können, da über dem Niederrhein ein Septembertag nach dem andern mit immer wachsender Schönheit erstrahlte. Also befahl er, die Pferde auf den nächsten Morgen zu satteln. Als der Arzt von dieser Ordonnanz vernahm, ließ er sich beim König melden.

„Euer Majestät wollen reiten? Euer Majestät werden fahren!"

Der Arzt spürte zu dieser Minute, daß der König – wenn sich kein Rückfall ereignen würde – gesundet war; denn ihn, den Feldscher, traf ein Blick aus grauen, kalten Augen – und sie waren doch blau –, daß es Mühe kostete, ihm standzuhalten. Der Arzt des Mindener Regiments wußte, daß er nun nicht sprechen, daß er aber vor allem seine Augen nicht niederschlagen dürfe; also verharrte er kerzengerade, ein Soldat.

„Wenn ich ein alter Mann bin", sagte Friedrich, „kann ich noch genug in rumpelnden Kutschen durchs Land kriechen!"

„Euer Majestät werden kein alter Mann", antwortete der Medikus, „wenn Sie sich im Fieber nicht schonen!" „Lass' Er's gut sein", meinte der König, „ich werde fahren ... nicht, daß ich nun ein alter Mann werden wollte ... aber schließlich ist Er der Arzt und nicht ich!" Cäsarion mußte zu Pferde vorausreiten; der König hatte für ihn ein halbes Dutzend Befehle. Sie bezogen sich alle darauf, daß Voltaire, der Dichter und Philosoph, gut untergebracht würde. Der Graf lächelte, und Friedrich fragte ihn nach dem Grund.

„Ach", sagte Cäsarion, „ich denke daran, wie es war, als ich zuerst nach Rheinsberg kam!"

„Eifersüchtig?" fragte der König.

„Das bin ich, Majestät", gab Keyserlingk zurück. „Guter Cäsarion", sagte Friedrich, und er lächelte nun auch. „Er war ein Gestirn meiner Jugend, und ich lasse die Sterne nicht untergehen. Aber Er kann mir's nicht verwehren, daß auch noch andere am Himmel sich erheben. Wie langweilig wäre der Himmel ohne die hundert Sternbilder. Mach Er sich nicht klein, Cäsarion – den Voltaire verehr' ich, doch ihm, dem Jugendfreund gehört meine Liebe."

Keyserlingk errötete. Dann lief er hinaus. Er sprang zu Pferd, er saß im Sattel, wie ein altgedienter, erfahrener Reiter, und preschte davon, als hätt' er eine Fackel nach Moyland zu bringen, und sie dürfte nicht verlöschen, ehe sie in der Halle auf den eisernen Halter gesteckt wäre. Und der König sah ihn reiten und seufzte. Denn er wußte, daß es ihm nicht beschieden war, Gefährten und Freunde zu haben, so wollte es sein hohes Amt. Wenn ihn nun oftmals frieren würde, so war nicht das Fieber schuld daran, sondern ein Erschrecken vor der Einsamkeit. Schließlich gab er den Befehl, daß am nächsten Morgen der Wagen vorfahren solle.

Der Arzt brütete über seinen Schriftstücken. Am Morgen trat der König auf die Straße und blickte zum Himmel hinauf: weiße Wölkchen schaukelten im Blau. Friedrich holte tief Atem; die Würze der Luft tat ihm, nach den Tagen des Krankenlagers, besonders wohl. Er stieg in den Wagen und winkte den Bürgersleuten, die herzudrängten und in den Fenstern lagen und winkten und riefen. Seine Gesten waren nicht einmal freundlich und gnadenvoll; er fragte sich, womit er, nach einer Regierungszeit von drei Monden, solchen Zuspruch verdient habe? Von dieser geheimen Regung des Fürsten wußten die Männer und Frauen nichts, die da jubelten und ihm huldigten; so fanden sie denn, der neue, junge König sei streng und unnahbar. Als der Wagen über das Kopfsteinpflaster rollte, ein Schwarm von Gendarmen voraus und die Suite hinterher, brausten die Vivats durch die Stadt, daß die Schwalben, die sich auf den grünen Wällen zum Zug nach dem Süden sammelten, in dichten Schwärmen erschrocken aufflogen. In schlankem Trab gelangten Reiter und Wagen zum Tor hinaus, wo die Wache salutierte.

Als das königliche Gefährt an den Rhein kam und auf den Nachen hinübergeschoben wurde, stieg der König aus, stellte sich neben den Fährmann und blickte den Strom hinauf und hinab. Zu Berg und zu Tal bot sich das gleiche Bild: die Breite des Flusses, graublau an diesem Morgen, mit silbernen Zacken darauf, bebuschte Ufer sodann, die auf dem seebreiten Wasser zu schwimmen schienen, und über dem Deich ansetzend und hoch aufgewölbt ein Himmel, an dem die Wolken ihr eigenes Regiment führten, noch sommerlich aufgetürmt, von einem Weiß, das die Augen blendete.

Doch schimmerten sie so schneeig nur über den Ufern: je näher sie an die Sonne herantrieben, um so dunkler, blau und fast schwarz wurden sie in ihrer erdzugewandten Hälfte – und weil, wie oft in diesem Landstrich, in verschiedener Höhe die Winde anders gerichtet waren, veränderten sich unter soviel Druck und Schub, Hub und Sog die Wolken von Minute zu Minute, immer neue Rätselbilder fürs deutende Auge. Friedrich fröstelte unter den heftigen Luftstößen und verschränkte die Arme. Der Arzt trat herzu und verwies den König auf den Wagen, der ihm Windschutz schenken konnte. Friedrich lehnte sich also an die Karosserie und umfing – immer noch waren die Arme verschränkt – die clevische Landschaft mit seinem forschenden Blick. Ihm genügte nicht, die Türme von Wesel in der Ferne zu sehen, das Haus des Fährmanns auf dem Deich, die Altrheinarme, die Wiesen, auf denen das Vieh weidete, die Pferdekoppeln und die Krähenhorste hoch in den Pappeln; ihm genügte der Blick auf die Dörfer der Ebene nicht, auf die Wälder hinten, wo die Welt an den Himmel stieß, auf die Kirchtürme und die Dächer, auf die Schuten, die an dem Nachen vorübertrieben, und auf die alten Zolltürme: hinter dem, was es für jedermann zu schauen gab, sah er Unerschaubares, die Geheimnisse fürstlichen Willens, der diese Landschaft schon früh der preußischen Krone gewonnen hatte, einen Eckpfeiler neben den andern im Osten und im Norden, Brückenstützen für einen Staat, der mächtig werden sollte.

In den Rheinsberger Tagen – jüngst erst vergangen, nun schon tief ins Vergessen getaucht – hatte der Kronpinz einen Baum als Baum, eine Wiese als Wiese empfinden dürfen; eine Blume als Blume, einen Freund als Freund, ein Mädchen als ein Mädchen; einen

Cornelis Pronk (1691-1759),
Schloß Moyland von Norden, 16. Juli 1731.
Aus dem Skizzenbuch der Niederrheinreise.
Amsterdam, Rijksprentenkabinet

Händedruck als einen Händedruck, einen Kuß als einen Kuß; dem König war das nicht erlaubt. Nun gab es nur noch Baum und Wiese, Blume, Freund und Mädchen, Händedruck und Kuß als Gewinn oder Verlust für den Gedanken der Herrschaft und sein strenges Gesetz; kein behagliches Verweilen an dem geschaffenen Ding, nur den Willen, alles, was als Erbe empfangen war, umzuformen und auf seinen Kraftlinien zu ordnen – auch dieses Stück niederrheinischen Erbes.

Friedrich schaute zu dem Fährmann hinüber, der am Ruder stand und den Nachen durch die Flut lenkte, ernsten Blickes, bald mit den Augen das Ufer ermessend, bald die Wellen, die, mochten sie auch in stetem Wechsel aufschäumen und wieder versinken, immer an der gleichen Stelle, mit gleichen oder ähnlichen Formen, sich bildeten. Plötzlich trat der König hinter den Fergen und legte die Hand auf seine Schulter. Er fragte den Mann nach seinem Namen, der Schiffer antwortete höflich, aber ohne Ängstlichkeit, wie er überhaupt, nachdem er sich einmal zum Gruße verneigt, aufrecht dastand.

„Ernährt Ihn sein Gewerbe?"

Der Mann schwieg eine Zeitlang, er wollte sich offenbar genau zurechtlegen, was er dem König zu sagen hatte. Schließlich fand er die Antwort. Er sagte sie trockenen Tones vor sich hin.

„Es könnte besser sein, Euer Majestät!"

Friedrich blinzelte den Mann vergnügt an; gewiß gab es keinen Untertan unter der preußischen, noch sonst unter einer Krone, der

das nicht behaupten würde. Und obwohl der König schwieg, spürte der Fährmann, daß in dem Lächeln eine abweisende Antwort verborgen lag; darum ließ er den König spüren, daß er selbst mit seiner Rede noch nicht zu Ende war.

„Herr", sagte er ringend, „Herr – mein Schiff liegt zu viele Tage still!" Friedrich ließ den Mann sprechen. Er freute sich daran, wie der Ferge seiner Arbeit treu blieb, den Nachen hinübersteuerte, die Richtmarke nicht aus den Augen ließ und die Strömung prüfend betrachtete, ohne dabei von seinen Worten abzulassen; und es war gut zu spüren, daß sich das, was der Mann nun sprach, durch Jahrzehnte hindurch in ihm aufgestaut hatte. Friedrich hörte dem Fergen gern zu, wie er stets gern einen Menschen sprechen hörte, der fest in seinem Fache stand, nicht über seine Grenzen hinausging und in dem, was er sagte, die Summe seiner Arbeit zog.

Der Mann konnte nicht wissen, was der König bereits anbefohlen hatte: der Strom sollte neu gedeicht und ein Bett ihm geschaffen werden, das er nicht mehr verlassen konnte, eine Bahn, die dem Drang der Wasser selbst abgelauscht war, wie sie nach der Schneeschmelze gewaltig und nach den Sommermonaten schmaler zu Tal fahren. Denn der Strom, so schrieben die Männer von der clevischen Wasserbaukommission, der zwischen Deich und Deich die graue Fläche spannt, und der Strom, der aus seinem Grund die Kiesbänke heraufhebt, scheint uns derselbe nicht und muß es doch sein, so gilt es, ihm das Bett zu errechnen, das die Hochwasser faßt und sommers den Schiffen erlaubt, trotz der geringen Flutung zu fahren.

„Es ist gut", sagte der König, „geduld' er sich noch ein Jahrzehnt, dann wollen wir den Strom schon zähmen!" Der Fährmann schüttelte den Kopf; warum, das konnte er in diesem Augenblick nicht sagen. Er mußte auf das Ruder achten, das Westufer rückte schnell näher, schon verschoben sich den Schauenden auf dem Schiff die Bäume und Sträucher, jetzt galt es, den Nachen zu wenden und gegen die Strömung zu stellen, mit ganzer Wucht seines Leibes legte sich der schwere Mann in das Ruder. Der Nachen zitterte, die Strömung rauschte laut zwischen Schiff und Ufer, ein Ruck – schon flog das Seil über den Pflock.

Als der Wagen auf dem Ufer stand, neigte sich der Fährmann wieder ehrerbietig vor des Königs Majestät. Seine Gedanken wirbelten immerzu um das verwegene Wort des Monarchen. Ein König war viel und von Gott gesetzt, aber Gott war mehr, und Gott läßt die Ströme ziehen. Der Ferge meinte, auch das noch sagen zu müssen, nachdem es ihm erlaubt gewesen, sein Herz vor dem König auszuschütten.

„Euer Majestät", sagte der Mann, „die Wasser strömen nach dem Willen des höchsten Herrn", und er wies in den Himmel, wo die Wolken nunmehr, zu Geschwadern gereiht, fröhlich durch die Weite segelten.

Friedrich blickte stromhinauf, stromhinab; er bedachte, daß die Wasser, die nun so friedlich dahinzogen, winters immer wieder die Dämme niederrissen und die Wohlhabenheit des clevischen Landes zerstörten. Er erinnerte sich auch, daß ein junger Mensch in der Wasserbaukommission die Kühnheit hatte, den Fluß leiten zu wollen.

„Gott läßt die Wasser strömen", sagte der König, „aber Bilgens ist in den clevischen Landen sein Stellvertreter."

Bilgens? Ein Name wie andere. Der Fährmann schaute den König mit aufgerissenen Augen an. Und er dachte sich, daß ein König nicht verpflichtet sei, zu wissen, welche Wege der Strom geht.

„Gott segne Euer Majestät", sagte der Fährmann.

Er nahm den Sold, der ihm geboten wurde, setzte sich zu seinen Helfern in den Nachen, stemmte die Ellenbogen auf die Knie und den Kopf in die Hände und dachte nach; die Kameraden mußten ihn erst darauf aufmerksam machen, daß am anderen Ufer ein Holüber gewunken wurde. Da war der Wagen des Königs, der den Fluß lenken wollte, längst hinter dem Deich verschwunden und sein Gefolge mit ihm.

Ein paar Jahre später, als neue Deiche gezogen wurden, wurde der Fährmann, von dem Geheimrat Bilgens über den Strom und seine Launen befragt; da erinnerte er sich der Stunde, in der ihm der König diesen Namen genannt hatte. Und er ehrte ihn in seinem Herzen.

Der Wagen rumpelte durch die Dörfer und über die Feldwege davon. Hier und da stand ein Mann oder eine Frau am Weg, und sie riefen ihr Vivat! Friedrich vernahm es kaum; seine Gedanken suchten einen andern Wagen herbeizuwinken, der Brüssel verlassen hatte und einen Mann brachte, dessen Ruhm die Welt erfüllte. Es ist noch nicht ausgemacht, dachte Friedrich, ob ein König, der von seinem Vater einen starkens Staat und das Heer dazu erbt, einmal zu Ruhm kommt; aber wer könnte übersehen, daß dieser Advokatensohn, der in der Mitte der Vierzig steht, zu Ruhm gekommen ist ohne solch gewichtiges Erbe, allein aus der Kraft seiner Feder, seines Geistes, seines Wesens! Und Ruhm, dachte der König, Ruhm ist alles!

Viele Menschen, die meisten, konnten ohne Ruhm leben – das Königtum war an den Ruhm gebunden! An einen andern als den Voltaires: einen harten, schrecklichen Ruhm! Mochte der Franzose in seinem Kampf um die Wahrheit gegen einen zuchtlosen Adel und fanatische Pfaffen gelitten haben: er hatte keinen Freund auf dem Richtblock opfern müssen, keinen Katte, den ersten Offizier, der für Fridericus, den König, fiel. Aber er konnte anderes, der welsche Dichter – ein Opfer, wie jenes, durch den Glanz seiner Verse für ein paar Stunden vergessen machen. In einer Sprache von Kristall! Und er würde vorm Kamin von Schloß Moyland den Mahomet lesen, das neue, dramatische Gedicht, das für Brüssel versprochen war und gewiß in der Halle des Kastells nicht schlechter klingen würde als in der flandrischen Stadt. Der Wagen rumpelte, und Friedrich überließ

sich seinen Gedanken. Wie mochte Voltaire den stolzen Araber schauen, den Stifter eines neuen Glaubens, einen von seiner Sendung besessenen Mann, der gewähnt, daß Gott selber ihm den Befehl gegeben, und der das Schwert spielen ließ, unbarmherzig, für die Völker seines Stammes, des Glaubens, daß er auf seinen Händen das Recht, und des Wissens, daß er die Macht trüge – ah, ein Mann, der tat, was er wußte, und wußte, was er tat. Friedrich lächelte. Voltaire war unterwegs, es war daran zu spüren, daß einem die Paradoxe von den Lippen sprangen. Sie waren, stammten sie von Voltaire, so schön, daß sie die Wahrheit zerbrachen, und niemand schalt ihn darum.

Der Wagen mußte halten. Schräg über der Straße hing das Gefährt eines Pottbäckers aus Schaephuysen, dem die Pferde in den Graben geraten waren; nun drohte der Karren umzuschlagen, und dann wären Kannen und Schüsseln, Teller und Tassen, die Arbeit vieler Monate, bei dem Anprall übereinandergestürzt und zerbrochen. Darum lief er laut lamentierend dem Wagen des Königs und seinen Begleitern entgegen; die sprangen vom Pferd, um dem Manne zu helfen.

Der Pottbäcker erkannte nun den König, verneigte sich und mochte auf einen unerwarteten Zuschuß zu seiner Reisekasse hoffen; liefen doch die ersten Münzen im Lande um, denen das Bildnis des jungen Herrschers aufgeprägt war. Aber der König stieg aus dem Wagen und achtete doch des Mannes nicht, er schaute zu dem nächste Acker hinüber, der von der Straße langsam gegen einen Hügel sich hob.

Da wuchs das Bild eines Bauern, der die Stoppeln in den Boden pflügte, übergroß gegen das Septemberblau, ein Riesenpflug, ein Riesenpferd, ein Riesenmensch, und Friedrich schaute dorthin, nicht nach dem Pottbäcker. Denn da der König eben seine Gedanken um den Ruhm hatte treiben lassen – den eines Voltaire, und um einen Ruhm, von dem noch nicht gesprochen wurde –, sah er nun hier einen namenlosen Mann, einen Bauern, der niemals Ruhm davontragen würde; wenn nicht eben sein Ruhm so beschaffen war, wie der der andern alle, die nach dem Gesetz der Jahreszeiten auf den Acker hinausgehen und ihn bereiten. Diesem Manne mochte der Gedanke an den Ruhm niemals gekommen sein, aber sein Ruhm, an keinen Namen gebunden, überstrahlte jeden anderen; seit Jahrhunderten, seit Jahrtausenden. Darum wohl umkränzte die Wolke seine Schultern, säumten die Weiden seine Füße, darum wohl stieß das Haupt seines Pferdes an den Himmel, umruderten die Krähen sein Haupt.

Ruhm – war's nicht genug, dem Gang der Jahre ihr Geheimnis abzulauschen, dem Regen und dem Wind zu trotzen, der Sonne zu widerstehen und der Erde, so, wie sie gegeben ist, die Frucht abzuringen? Ruhm will das Außerordentliche, aber ist nicht schon das Ordentliche viel und die Ordnung und den Weg des Lebens abzuschreiten, das uns Mühen genug bringt! Inzwischen kam der Bauer nah an die Straße hinab, wendete Pferd und Pflug und schritt wieder auf den Kamm zu, unbekümmert um das, was dort unter ihm am Graben geschah.

Der Karren des Pottbäckers stand nun wieder lotrecht; eines der Hinterräder hatte sogar ein paar neue Speichen, die aus dem Ersatzgerät des königlichen Wagens entnommen waren. Der Pottbäcker bat darum, dem König eine Schüssel zum Dank für diese Hilfe schenken zu dürfen; zunächst winkte Friedrich ab, weil er immer noch in den Anblick des Mannes versunken war, der gleich dem alten Antaios seine Kraft aus der Erde schöpfte. Erst als Bauer, Pferd und Pflug auf dem jenseitigen Hang der Höhe verschwunden waren und nur noch der Kranz von Wolken sich über den Hügel zog, folgte der König dem Angebot des Pottbäckers und trat an den Karren heran.

„Dank will ich nicht", sagte Friedrich zu dem Töpfer, „aber seine Schüsseln mag er mir zeigen!"

Der Pottbäcker verschmähte es in diesem Augenblick, die Gebrauchsware aus seinem Karren zu holen, Teller und Töpfe, Tassen und Satten; er packte die großen Zierschüsseln aus, die, mit eingeritzten Gestalten und vielerlei Farben geschmückt, zur Erholung des Meisters geschaffen waren. Eine davon zeigte den Pottbäcker selbst, wie er an der Drehscheibe saß und den Ton ausformte; eine andere Bauern und Handwerker, zusamt ihren Ehefrauen, wie Vögel im Laub in einem Schlinggeranke versteckt; eine dritte die Tür-

me der guten Stadt Krefeld samt dem heiligen Dionysius, der den Kopf, welcher ihm abgeschlagen war, unter dem Arm trug, und die vierte – die vierte zeigte einen braunen, kurzbeinigen Mann mit einem goldenen, rotüberbuschten Helm, der ein Schwert schwang, das mit blauer Kobaltglasur aufgemalt war, und um den Rand dieser Schüssel stand in gelblichweißer Schrift aufgetragen der Vers:
Der große König Alexander
band Ost und Westen aneinander.
Während Friedrich die andern Schalen, immer noch der Erscheinung des Bauern auf der Höhe nachhangend, nicht besonders aufmerksam betrachtete, wandte er sich nun jäh an den Schaephuysener Handwerker: „Was weiß Er von Alexander? Wer hat Ihm diesen Vers gemacht?"
Er selbst, so bekannte der Pottbäcker, er selbst habe den Vers verfaßt, und von Alexander wisse er aus einem Buch, in dem er an Winterabenden zu lesen pflege. Und der König nahm die Schüssel mit beiden Händen, hob sie vor seine Augen, schüttelte den Kopf (was der Handwerker als Zeichen des Mißfallens zunächst falsch deutete); aber diese fragende Wendung bedeutete nur, daß der Monarch es nicht fassen konnte, wie nach abertausend Jahren ein Handwerker am Niederrhein sich an den Tagen Alexanders des Großen begeisterte und die Gestalt des Hellenen so, wie er sie sich träumte, in der Feiertagsarbeit einer Schüssel eingrub: ein Mann, der sonst, wie der Schuster bei seinem Leisten, an der Drehbank blieb, mit den Elementen nur umging, wenn er den Ton in den Brandofen schob, und wahrscheinlich mit Frau und einem Kind ein Leben zubrachte wie die meisten Menschen auch, friedfertig und auf seinen Gewinn aus gesundem Trieb, sich selbst zu erhalten, fleißig vorbedacht. Und wieder peinigte den Fürsten (denn war das nicht Ruhm, so in der Nachwelt zu leben, selbst bei den Männern eines fremden Volkes!) die Frage nach dem Sinn oder der Sinnlosigkeit des Ruhmes, wie sie ihn seit Monaten quälte von der Stunde an, in der Friedrich Wilhelm, der Vater, Gott seine Seele anbefohlen hatte. Und darum sagte der König dem Pottbäcker, er werde sein Geschenk annehmen, aber er erlaube sich auch, nun ihm etwas zu schenken; so kam der Mann doch zu dem Zuschuß für seine Reisekasse, denn das Goldstück, das nun in seinen Händen lag, wog dem die Arbeit reichlich auf, und die Ehre, die Schüssel in des Königs Händen zu wissen, konnte ihm doch kein Mensch zwischen Krefeld und Cleve bezahlen. So zog er also den Hut und sah noch, wie ein Kammerdiener den runden Alexander in den Wagen des Königs hob. Dann lud er die andern Schüsseln in seinen Karren, setzte sich auf den Bock des Wagens, schnickte mit der Peitsche und fuhr davon, fröhlicher, als er gekommen war, und wenn er (sich selbst prüfend) zuweilen abends beim Umtrunk gescholten hatte, was denn die Herren in Berlin von denen am niederen Rhein wüßten, so war es ausgemacht, daß er nun jeden gleicherweis Scheltenden zur Rede stellen werde.

Friedrich aber betrachtete lächelnd die Schüssel von Alexander, dem König von Griechenland, und wußte nun plötzlich wieder: nichts ist so dauerhaft wie der Ruhm. Er mußte mit seinen Händen über das Linienwerk der Schüssel fahren, die so anders war als die Bildungen sächsischer Manufakturen, rauher, gröber und doch von Art und Rang. Und so ließ sich Friedrich in Xanten huldigen.

Als sich die Türme von Moyland aus den Wiesen hoben, waren sie als Umrisse gegen den Himmel gestellt. Je näher der Wagen kam, um so körperhafter erschienen sie, der Hauptturm mit den schmalen Schießscharten und der geschwungenen Haube und die beiden Seitentürme mit den spitzen Kegeln der Schieferdächer – sie alle noch über dem Grün der Linden schwebend, die das alte Kastell umgaben und nun noch den breiten Graben verdeckten. Jetzt sah man auch den niedrigen Mittelbau und die offene Vorhalle, zierliche Bögen und eine reiche, vielgegliederte Brüstung. Doch lag das Schloß, wie die meisten hierzulande, im Wasser, und so mußte der Wagen noch einmal in großem Bogen das Anwesen umrunden. Als die Reiter in den weiten, von den Wirtschaftsgebäuden auf drei Seiten umgebenen Hof einbogen – die Hufe rauschten über das Pflaster und die Wagenachsen ächzten –, trat der Verwalter Höttges aus der Tür, ein Mann mit windrotem Antlitz und silbernen Haaren, und öffnete den Schlag, der König gab ihm die Hand und stieg aus.

Aber eine kurze Weile blickte Friedrich dennoch über den Mann hinweg und über den Graben zum Schloß, dessen Mittelturm ein Taubenschwarm wippend umflog. Der König wußte plötzlich (und es traf ihn wie ein Schlag), daß seine Jugend, die schon am Sterbebette des alten Königs ihm verloren war, nie mehr wiederkehren werde; er würde in diesem Schloß, das aus Linden heraufwuchs, von Wasser umgeben, vor Voltaire zu bestehen haben, aber auch Voltaire vor ihm, dem König. Denn nicht die Bücher und nicht die Briefe, die hin- und hergehen, machen den Mann, sondern wie er sich hält, und weil dem so war, ging Friedrich nicht über die Brücke hinüber in das Schloß, obwohl er nach den Fiebertagen von der Fahrt ermüdet war, sondern war der Bitte willfährig, die der Verwalter an ihn mit Mund und Augen richtete, Höttges wollte seinem Herrn, dem Hohenzollern, der nach den von Croy und von Spaen auf Moyland der Herr war, die Wirtschaft zeigen.

Der Verwalter ging dem König in ein schmales, weißgekalktes Zimmer voran, in dem ein einfacher Tisch aus Birnenholz stand, schloß die Rechnungsbücher aus dem Schrank, schlug sie auf, holte die Kasse herbei, öffnete sie und zählte die Summe aus. Friedrich wußte, daß er nicht imstande war, nun so sorgfältig zu zählen und wägen, wie der Verwalter vor ihm die Rechnung aufmachte, aber er gab sich wenigstens den Anschein. „Gut, gut", sagte Friedrich. Damit war der Verwalter nicht zufrieden. Er führte den König durch die Ställe, in die das schwarzweißgescheckte Vieh eigens für diese Stunde gebracht worden war, und in denen die Pferde an den Raufen zupften: er zeigte ihm den Hundezwinger und die Schweinekoben; er ging durch die Scheunen und wies ihm das Korn auf der Tenne, die die Dreschflegel betrommelten, und hatte selbst seine Freude daran, wie alles so wohlgeordnet war. Dann aber, als ob es nun etwas ganz Wichtiges zu zeigen gäbe, etwas, ganz außer der Ordnung, brachte er den König wieder in den Stall zurück. Dort stand in einem Anbau eine Stute, die bald werfen mußte, in der nächsten, der übernächsten Nacht, wie die Natur es eben wollte.

Der König mußte dem zitternden Pferd den Hals klopfen, der Verwalter aber griff dem Tier in die Zähne, weil er dem Monarchen zeigen wollte, daß es ein junges, kräftiges Wesen war, und er streichelte die Stute mit einer Zärtlichkeit, die bei dem rauhen Mann keiner vermutet hatte. Aber wie aus Leben Leben wird, das war dem Verwalter ein Wunder geblieben, und er verehrte dieses Wunder, wo er konnte, als ein frommer Mann, der zwar niemand seine Andacht gezeigt hätte, aber es auch nicht verhindern konnte, daß ein aufmerksamer Beobachter ihm ins Herz blickte.

Darum war er dem König aus diesem, seinem Herzen dankbar, als der nun auch immer liebevoller das Tier betrachtete und streichelte.

Da wurde die Tür aufgerissen, Cäsarion stand auf der Schwelle, stürmte auf den Kö-

nig zu und bekannte ihm, daß alles nach den Befehlen zugerüstet sei.

„Nun mag er kommen!" sagte Friedrich und gab dem Freunde seinen Gruß zurück.

Langsam schritt er hinaus, querte den Hof, ging über die Brücke, verschwand in der Halle – die Enten schnarrten im Teich, leise klatschten die Wellen, und die große, schmiedeeiserne Fahne auf dem Turm drehte sich, weil der Wind umsprang. Aus den Ställen drang dann und wann das Muhen der Kühe, und die Hunde schlugen an.

Nun ging auch Cäsarion über die Brücke hinüber ins Schloß. Der Kammerdiener mußte ihm die Schüssel zeigen, die dem König geschenkt worden war, und Cäsarion las und sagte, das sei ein spottschlechter Vers.

Voltaire hätte, sparsam wie er war, mit der Post reisen können, aber da der König ihm hatte schreiben lassen, er möge sich einen eigenen Reisewagen mieten, ging er zu dem Hauderer Louzaine, der unweit der Kirche von St. Gudule in einem stattlichen Anwesen Wagen und Pferde hielt. Als der Mann, ein hagerer und düster blickender Geselle, die Größe des Auftrages zu ermessen begann, suchte er gegen seine Natur zu lächeln; dann führte er den Gast von Wagen zu Wagen und suchte ihn über Vorteil und Nachteil eines jeden Gefährtes zu unterrichten. In dem einen Wagen war ein Klapptischchen angebracht, dafür war der Sitz nicht gerade bequem; in dem zweiten ließ sich, wenn man ein Polster herauszog, sogar schlafen, aber es fehlten die Rollvorhänge an den Fenstern, auf die es diesem Reisenden vor allem anzukommen schien; ein dritter Wagen hatte außer diesen Rouleaux auch noch ein paar Abstellbretter über dem Sitz, und Voltaire, der die Möglichkeit sofort wahrnahm, hier Bücher griffbereit unterzubringen, hätte sich fast für diesen Wagen entschieden.

Er erkannte aber auch, daß dieser Wagen nach einer altmodischen, längst überholten Weise mit Lederriemen in geschweiften, federnden Eisen hing; und so mußte der Hauderer versprechen, für die Reise nach dem rheinischen Preußen die Bücherbretter in einen andern Wagen einzubauen; ein Versprechen, das der Louzaine nach langem Zaudern erst abgab. Denn da hätte schließlich jeder kommen und einen Umbau verlangen können; bei solchen Wünschen wäre es keinem Hauderer möglich, einen angemessenen Lebensunterhalt zu erwerben, nicht wahr?

„Ich bin nicht jeder!" sagte der Franzose, und daran erkannte der Hauderer, daß der Monsieur Voltaire wirklich ein Herr war.

Nun wollte der Mann dem Fahrgast seine Pferde zeigen, Voltaire ging bis an die Tür der Stallung mit; aber er war nicht zu bewegen, nun zu den einzelnen Tieren an den Verschlag zu treten und sich hier wiederum von den Vorzügen und Nachteilen zu unterrichten, was ihm doch der Hauderer mit plötzlich schnell plaudernder Zunge empfahl. Nein, von Pferden wußte der Philosoph nicht viel, wenngleich er sich manchmal, um vor Leuten vom Stande seinen eigenen Rang zu zeigen, auf einen Sattel geschwungen hatte. Also überließ er dem Hauderer die Wahl, aber Kutscher und Bedienten wollte er sich selbst vorstellen lassen.

Der Hausherr Louzaine ging auf den Hof hinaus und rief zwei Männer, die an einem Wagen standen und ihn wuschen. Der eine davon, breit und stark, sollte den Wagen kutschieren; seine Gestalt, seine muskelfesten Arme und derben Fäuste verbürgten, daß er die Kraft der Gäule in Zaum und Zügel hielt. Der wußte das auch, wußte, wieviel ursprüngliche Kraft in einem Pferdeleib steckt und schätzte seine Fertigkeit nicht gering ein, weshalb er denn auch den vornehmen Herrn, dem ihn der Hauderer gegenüberstellte, unter gebührendem äußerem Abstand innerlich als gleichberechtigt betrachtete. Er meinte wohl (ohne das nun in Worten zu äußern), daß solch eine längere Reise, wie sie sich nicht alle Tage ergab, von beiden Seiten Vertrauen voraussetzte, und er war geneigt, das seine dem fremden Herrn rückhaltlos zu schenken. Also streckte er Voltaire, dem größten Dichter und Philosophen der Zeit, gutmütig die Hand hin – diese Geste setzte den Hauderer sehr in Schrecken, weniger den berühmten Reisenden, der die Hand gelassen nahm, denn der Kutscher war ein Mann aus dem Volk, und für die Rechte des Volkes kämpfte dieser Dichter.

Der Diener gefiel ihm nicht, und da der Mann keine Hand ausstreckte, brauchte Voltaire sie auch nicht zu nehmen. Der Geselle hatte rote Haare und Sommersprossen auf einer milchigweißen Haut, aber war es einem Philosophen angemessen, deshalb einen Menschen zu verwerfen? Er zögerte, dem Hauderer zu sagen, daß ihm dieser Mann mißfiele; als der Mann einem vorübergehenden Jungen ein paar Worte zurief, horchte Voltaire auf, diese Sätze waren nicht französisch, sie stammten aus einer fremden, ungefügten Sprache, waren flandrisch, und nun schien es dem Dichter gewiß, daß er diesen Mann ablehnen müsse; als der jedoch artig ein paar französische Sätze sagte, und diese offenbar gewandt, fand sich Voltaire auch mit ihm ab. So blieb einzig noch der Preis auszuhandeln. Louzaine erkannte bald, daß das nicht stehenden Fußes auf dem Hofe geschehen könne; dieser Herr Voltaire, über dessen Leben und Werk der Hauderer von fern gehört hatte, oder doch über eine Prügelaffäre mit einem Herrn von Rohan, die in ganz Euopa bekanntwurde – dieser Dichter und Philosoph erwies sich als ein Kaufmann von der Art, die ihre Aufgabe verfehlt zu haben glaubt, wenn sie nicht bei jeder Gelegenheit ein Stück vom Preis abhandelt.

So kam man erst nach längerem Beraten überein. Der Hauderer wußte beredt zu schildern, was es koste, Wagen zu bauen und instand zu halten, Pferde zu pflegen und Menschen zu löhnen, während Voltaire schnippisch davon sprach, es gebe ja noch andere Unternehmen dieser Art. Die Abreise wurde auf den übernächsten Tag angesetzt.

Als der Wagen am Gasthaus vorfuhr – es dämmerte im Osten –, kam der Wirt aus der hohen Tür herbei. Voltaire selbst stand im Mantel an der Tür, und als alles gerüstet schien, stieg er noch einmal die Treppe hinan, brachte einen Stoß von Büchern und ordnete sie auf dem Brett an, das der Absprache gemäß in dem Wagen angebracht worden war. Dann unterwies er den Kutscher und den Diener.

Er werde auch am lichten Tag, sagte Voltaire, in dem Wagen arbeiten, deshalb müßten die Vorhänge heruntergelassen werden.

„Und die Douane?" fragte der Kutscher.

„Grenzen werden bald überlebt sein", sagte der Philosoph, „ich will an keiner von ihnen den Wagen verlassen!"

Doch sollte Voltaire an diesem Morgen Brüssel noch nicht verlassen; daran waren weder die Wachen an den Toren noch irgendein Befehl der Polizei schuld, sondern ein junger Mensch, der aus dem Dunkel sprang, als der Wagen eben um die Ecke bog, den Wirt nach Voltaire fragte, hinter Pferd und Gefährt herlief, sich auf das Trittbrett schwang und so lange lamentierte, daß schließlich der Kutscher den Wagen anhielt, der Bediente vom Bock sprang und den Zudringlichen am Nacken packte und Voltaire selbst gegen seinen Willen den Vorhang hochzog und durch einen Wink zu erkennen gab, daß er den Fremden zu sprechen wünsche. Der fiel zurück, da er durch das Laufen hinter Atem gekommen war, und griff nach seinem Herzen; dann erst konnte er Rede stehen. Er sagte, er habe den Wagen mit dem großen Voltaire darin nur anzuhalten gewagt aus Herzensnot.

66

„Ein großes Wort", sagte der Philosoph.

„Aber Sie, Sie müssen's begreifen!" antwortete der Jüngling.

Der Schein in den Fenstern zeigte, daß die Sonne aufgegangen war. Der Mensch, der da, flammend vor Leidenschaft und mit stoßendem Atem neben dem Wagen stand, blickte den Philosophen mit Inbrunst an, als einer, der keinen Ausweg vor dem Schicksal mehr sieht und ohne Hilfe zu sterben verdammt ist. Voltaire beschwichtigte mit einem zweiten Wink den Diener, der, hätte er seinem Trieb folgen dürfen, den Zudringlichen an die Hauswand gedrückt haben würde ...

Als der Jüngling dann, der sich Dufour nannte, Emile Dufour, langsam zur Ruhe kam und sprach, tropften seine Worte zunächst noch zusammenhanglos in den Morgen, aus jener Erregung, die die Zunge beschwert, statt sie zu lösen – den hingestammelten, hingestotterten Sätzen entnahm Voltaire, daß dieser verzweifelnde Mensch sich als einen Erfinder bezeichnete, als einen Wohltäter der Menschheit, der nur nicht in die Lage kam, wohlzutun. Dabei strich sich der Jüngling, der sein Haar zu einem Zopf geflochten trug, immer wieder mit zitternden Händen über seinen Schopf, und seine Augen, aus denen das Weiße hervorstach, flammten sehr. Und er schloß seine Rede, indem er mit einem langen Finger ins Unbestimmte wies: „Ich will ein Schiff bauen, das durch die Luft fliegt."

Der Kutscher, der es bisher dem Flamen überlassen hatte, den Vorfall zu behandeln, wandte sich plötzlich um, und der Bediente tippte mit der Hand auf seine Stirn. Voltaire schwieg und betrachtete den bebenden Menschen aufmerksam.

„Haben Sie eine Werkstatt, Dufour", fragte er dann, „oder steht Ihre Absicht nur auf dem Papier?"

„Tausend Schritt von hier", entgegnete der Jüngling, „zwölfhundert Schritt von hier ist meine Werkstatt." „Führen Sie mich hin", sagte Voltaire, „der Wagen kann folgen."

Kopfschüttelnd wendete der Kutscher Pferd und Wagen und folgte dem Befehl des Philosophen. Der Weg war doppelt so lang, als Dufour angegeben hatte, aber die Abreise war nun schon verschoben, es würde sich zeigen, ob auf eine Stunde oder auf ihrer mehr.

Die Dufours schienen mit Holz zu handeln; der Weg zu dem Schuppen mit der Werkstatt führte durch lange, schmale Gassen von aufgestapelten, würzig duftenden Stämmen. Dufour drückte den Philosophen in einen Sessel. Man saß nicht sehr bequem, und der Jüngling machte langwierige Anstalten. Er hatte da ein paar Taschen aus leichten Stoffen, Kugeln, die eine aus Papier, die andere aus einer glänzenden Haut, die dritte aus Seide; die erste Kugel mochte einen Durchmesser von drei Handbreiten haben, der der zweiten war doppelt so groß, der der dritten mochte noch ein wenig größer sein. Nun zündete Emile Dufour ein paar Kerzen an und ließ die erwärmte Luft durch die untere Öffnung in die Kugel strömen; er begann mit der bunten

Abraham Begeyn (1637-1697),
Moyland vom Katzenbuckel, 1696.
Ausschnitt: das barocke Schloß Moyland
(siehe auch Seiten 10/11)

Kugel aus leichtem, knitterndem Papier. Da straffte sich die Hülle, die Falten verschwanden, und langsam stieg die Kugel bis an die Decke des Schuppens, dann sank sie schnell zu Boden. „Und nun?" fragte Voltaire. Dufour spürte die Ungeduld in diesem Wort. Der Jüngling nahm ein kleines Pfännchen aus lackierter Pappe, in das Wachs eingeschmolzen war, und hängte es mit ein paar dünnen Drähten an einen Reifen, der unten in die Seidenkugel eingelassen war. Sie hob sich nun mit der Last bis zur Höhe der Türe, Dufour öffnete und schob seine Kugel ins Freie, sie pendelte hin und her, wurde vom Wind erfaßt, stieg bis in die Höhe des Daches, fing Feuer und fiel lohend zu Boden. „Du bist ein Brandstifter, mein Sohn!" sagte Voltaire. Dufour sank in einen Stuhl, sein Versuch hatte ihn nicht anders erregt als vorher die Verfolgung des berühmten Mannes; er erhob sich, trat an einen Schrank und riß ein Bündel von Zeichnungen heraus, die er nun auf einer Hobelbank vor dem Philosophen ausbreitete.

Sie waren sauber ausgeführt und mit feinem Farbensinn angetuscht, Voltaire dachte, der Mann solle Maler werden, aber er sprach es nicht aus, weil alles, was hier entworfen war, von einem einfallsreichen, wagemutigen Sinn zeugte, und das rührte den Philosophen, der in diesem Flackern und Flammen des schüchternen und aus der Schüchternheit um so wagemutigeren Jünglings die zehrende Leidenschaft der eigenen Jugend wiedererkannte. „Erklären Sie!" sagte er.

Auf jedem dieser Blätter waren einige dieser Luftkugeln zu sehen, hausgroß und größer noch, nach den zwergenhaft wirkenden Menschengestalten zu urteilen, die den Maßstab angaben. Auf einigen dieser Entwürfe waren die Ballone auf den vier Ecken eines rechtwinkligen Gestänges angeordnet, an dem ein Nachen hing, auf andern sah man eine einzelne dieser Luftkugeln, auch sie mit einer Gondel versehen. Was aber an dieser Planung wesentlich war – Voltaire begriff es, in physikalischen Vorgängen durch seine Studien über Newton unterrichtet, im Bruchteil einer Sekunde –, waren die in den Gondeln angebrachten Ruder sowie ein Steuer, das den Ballon lenken sollte. Auf anderen Zeichnungen waren die Ruder durch Schaufelräder und durch gekreuzte Flügelpaare ersetzt, wie sie das Werk der Windmühlen treiben.

Der junge Mensch, Emile Dufour, war inzwischen zutraulich und beredt geworden: von seinen Freunden verlacht, von den Eltern des Müßiggangs beschuldigt, von seinem Mädchen verlassen, das sich einen kurzweiligeren Schatz wünschte, und von den Professoren, den Physikern und Mathematikern, die er befragt, mit Hohn abgewiesen, konnte er nun einmal, das erste Mal, einem aufmerksamen und berühmten Mann seine Planung mitteilen, und er tat es also, in dem Gefühl, diese Stunde müsse über ihn, über sein Leben und seinen Traum entscheiden.

Voltaire nahm einige von den Zeichnungen in die Hand, hob sie dicht an die Augen, brummelte zusammenhanglose Worte vor sich hin, erbat sich schließlich einen Zettel und begann, das Schreibzeug des Erfinders benutzend, allerlei Gleichungen zu errechnen; aber je länger er sich dabei versuchte, um so unwilliger ward er, und so zerriß er schließlich das Papier in lauter kleine Schnitzelchen, was Dufour mit einem bedauernden „Oh!" wahrnahm. Der Versuch, dem Jüngling von den Regeln der Physik her auf die Schliche zu kommen, war gescheitert. Noch eine andere Spur gab es, auf der man ihn beschleichen konnte. Voltaire setzte sich wieder auf den Stuhl, legte die Hände mit den Fingerspitzen aufeinander wie ein betender Kanonikus und fragte den jungen Menschen: „Wozu wollen Sie solch ein Luftschiff brauchen? Was hat es für einen Sinn, eine Erfindung zu machen, wenn sie nicht vernünftig angewendet werden kann! Also wozu?" „Das fragen Sie?" gab Dufour zurück. „Ich hätte nicht geglaubt, es Ihnen erst sagen zu müssen!"

Dufour hatte nun keine Zeichnungen mehr bereit, um sich verständlich zu machen; Voltaire begriff ihn und seine Pläne auch ohne das. Aus dem Stammler war nicht, wie soeben noch, als er das Bündel seiner Entwürfe deutete, ein beredter Sprecher, war bereits ein Redner geworden, der in diesen Morgenstunden – draußen wartete der Wagen immer noch – sein bisheriges und womöglich sein zukünftiges Leben durch den Zuspruch des Philosophen bestätigt wissen wollte. Und diese seine Rede galt der Despotie.

„Nicht jedem", sprach er, „nicht jedem kann ich ein solches Luftschiff überlassen; die Er-findung muß in den Händen derer bleiben, die das Gute in dieser Welt wollen."

„Trefflich!" lobte Voltaire.

„Wenn ich ein solches Schiff steuern kann, bringe ich auch Frachten in die Luft; Bomben und Höllenmaschinen; und die werden dann auf die Paläste der Despoten niederregnen. Solch einen Angriff erwarten sie nicht, sie müssen an ihm zugrunde gehen, und dann zieht unter den Völkern die Freiheit ein."

Voltaire schwieg: Dufour aber ließ sich auch von diesem Schweigen ermuntern.

„Dann ist die Zeit der Finsternis zu Ende", rief er, „das Öl der Gesalbten wird nicht mehr wirken, denn die Fürsten und Könige sind ausgerottet – und mit ihnen das Geschmeiß ihrer Höfe!"

Der Philosoph hielt immer noch die Fingerspitzen aufeinander; aber über seine Schläfen zuckten Wellen der Erregung. Dieser da war sein Jünger, aber er wollte mit Gewalt errichten, was nur durch Vernunft Bestand hätte. Und darum warf er den Umstürzler durch eine unerwartete Frage auf sich selbst zurück.

„Warum haben Sie meinen Wagen angehalten?"

Dufour erschrak; er deutete sich diese Frage als einen ablehnenden Entscheid und brauchte eine kleine Weile, ehe er seine jäh durcheinandergeworfenen Gedanken wieder zu sammeln vermochte. Wieder stammelnd, versicherte Dufour, er habe gehört, daß Voltaires Aufenthalt in Brüssel plötzlich beendet sei, und nachdem er sich durch Wochen hindurch nicht vorgewagt, sei das die letzte Minute gewesen, es noch zu tun. An diesen Worten war nicht zu zweifeln, der junge Mensch war bleich geworden, er zitterte am ganzen Leib.

Voltaire verschränkte die Finger so, daß sie unter den Handrücken verschwanden, und seine Zunge glitt wie kostend über die Lippen. Er senkte den Kopf ein wenig, so daß Dufour, der am Fenster stand, lang und hager, jetzt nur fast noch die Stirne des Philosophen sah, kaum den Ansatz der Nase, nicht den Mund. Leise, jede Silbe betonend, flüsterte Voltaire: „Ich kann Ihnen nicht helfen. Ich muß verreisen."

Dufour atmete tief. Er blieb am Fenster und rührte sich nicht. Klagend, kläglich fast gab er seine Antwort, und er blickte dem Philosophen nicht in die Augen; hätte sie wohl auch nicht gefunden, denn Voltaire hielt immer noch den Kopf gesenkt.

„Was gibt es denn so Wichtiges?" stammelte der Erfinder. „Mein Luftschiff bringt die Menschenliebe in die Welt, und wer sonst soll mir helfen!"

Voltaire strich sich mit den Fingerspitzen über die Augen. Langsam stand er von seinem Sessel auf und umfaßte noch einmal mit seinem Blicke den flackernden Menschen, seine schöne, hoffende Jugend, seine Trunkenheit, seine Verzweiflung. Und er wußte doch, daß er ihn nun unbarmherzig treffen müsse, gleichviel, ob er's ertrug oder nicht – und sagte: „Ich kann mich nicht länger in Brüssel aufhalten und weiß nicht, ob ich

zurückkehre. Jede Stunde, Ihnen geschenkt, ist einem Monarchen gestohlen. Ich reise zu einem jungen König, dem König von Preußen, der in Tugend regieren wird. Er ist mir wichtiger als dieses Luftschiff. Leben Sie wohl!"

Dufour wollte rufen, als er den Philosophen gehen sah, doch kam ihm kein geformter Laut über die Lippen, ein schnarrendes Ächzen nur, er hörte die Schritte des Fremden verhallen, hörte die Pferde antraben, er saß wie verloren auf dem Stuhl und tastete über den Tisch; als er zu sich kam, sah er, daß er mit eigener Hand eine seiner Zeichnungen zerknittert hatte. Jetzt erst gelang es ihm, zu weinen, erlösend strömten die Tränen. Und Not und Sorge, die jener große Fremde hätte bannen können, schauten grau aus allen Winkeln. Dabei war's ein sonniger Tag, die Stadt lärmte von emsiger Werkfreude. Fäden des Altweibersommers wehten vom freien Land bis in die Höfe. Sägen sausten schnarrend durchs Holz.

Manchmal blickten sich, an den folgenden Tagen, der Kutscher und der Diener aus Brüssel lächelnd an. Wie alle Menschen, die der Beruf zwingt, mit vielen Menschen umzugehen, hatten sie ihre eigene Meinung von großen und kleinen Herren und Bürgern; solch ein Kauz wie der im Wagen war ihnen noch nicht begegnet. Die Fahrt verlief genauso, wie der Monsieur de Voltaire es dem Haudem gegenüber erklärt hatte; die Fenstervorhänge des Wagens blieben herabgelassen, an keiner Grenze war der Herr zum Aussteigen zu bewegen, und wenn ein Zöllner sich mit ihm auseinandersetzen wollte, mußte er schon den Schlag öffnen und übers Trittbrett hineinsteigen, worauf der Insasse aufs mürrischste Auskunft gab. Vor allem aber schien nicht eine Minute zu vergehen, ohne daß der Philosoph, der Vorräte seines Bücherbords sich bedienend, gelesen hätte, und selbst als die große und ansehnliche Stadt Aachen vor den Augen der Männer auf dem Kutschbock auftauchte und sie vermeinten, sie müßten den Dichter aufmerksam machen, hieß er sie weiterfahren; so daß er von der Stadt nichts wahrnahm als den Blick in die Straße, an der das Gasthaus lag, selbst das Münster Karls des Großen beachtete er nicht weiter. Den Grund freilich hätten die beiden auf dem Bock nicht würdigen können; sie hätten begriffen, wenn der Sattler ein Geschirr, das verkauft werden soll, immer wieder überputzt oder wenn der Wagenbauer eine Karosserie immer wieder lackiert hätte, aber daß ein Mann Verse, sogenannte Alexandriner, nicht anders feilte als der Schmied ein Gebilde seiner Hände, würde sie gewiß erstaunt haben. Und Voltaire bosselte und nietete an seiner neuen Tragödie: Le Fanatisme ou Mahomet le prophète –

Qui moi, baisser les yeux devant ses faux prodiges?
Moi de ce fanatique encenser les prestiges?
L'honorer dans la Mecque après l'avoir banni?

so hebt Sopir an, und von den ersten bis zum letzten Aufzug fand Voltaire immer noch eine Stelle, die er sich glatter, dichter und fließender wünschte – so daß er oftmals, auch wenn der Wagen überm Kopfsteinpflaster hin und her geschaukelt wurde, zu schweben meinte, weil er von den Wogen seiner eigenen Verse getragen war.

Daß der Philosoph dennoch wußte, wo er sich befand, sollten Kutscher und Diener noch bemerken. Der Wagen fuhr schon durch die Landschaft des Niederrheins, als plötzlich der Insasse an die Scheiben trommelte und ein Halt erzwang. Er sagte, sie möchten sich getrost ein wenig die Beine vertreten, er werde sie rufen, wenn es Zeit zum Weiterfahren sei. Sie stellten sich also an die Straße, sie gingen auf und ab, betrachteten die Landschaft und fanden, daß sie nicht sehr viel anders aussehe als die heimische zwischen Brüssel und Antwerpen. Auch wunderten sie sich, daß der Philosoph so lange Frist brauchte; sie wußten ja nicht, daß er immer noch, immer noch am fünfhundertsten Vers der Tragödie feilte.

Doch tat er nicht das nur; seiner Berechnung nach mußte die Kutsche bald Schloß Moyland erreichen. Darum hängte der Philosoph ein Taschenspiegelchen in das Kopfpolster der Kutsche; er war fieberfrei und hatte keine Erscheinungen wie Friedrich zu Wesel. Nein, Voltaire sah mit einigem Kummer die Krähenfüßchen rechts und links von seinen Augen und den eingekerbten, scharfen Zug seitlich der Mundwinkel, Spuren der Arbeit, des Alters, die sich nicht wegwischen ließen. Aber Puder hatte der Philosoph bei sich, ein wenig Rouge dazu, und also setzte er sich in die Verfassung Geistes und Leibes, in der er dem König zu begegnen wünschte. Ein Tupfen hier, ein Strichlein da, nur nicht die Natur verfälschen; aber sie unterstützen, ist das nicht erlaubt?

Und dann ritt plötzlich Cäsarion, der Graf Keyserlingk heran, nichts half dem Philosophen, er mußte sich mit dem Boten Friedrichs verständigen, im Trab rasselte der Wagen an den Hof, fuhr vor, und aus dem Hause kam, die Arme ausbreitend, mit schnellen Schritten der König und sagte: „Mein lieber, lieber Voltaire!"

Der Philosoph hatte Tränen in den Augen, so war er selten in seinem bewegten Leben bewillkommnet worden, er verneigte sich und entgegnete leise: „Euer Majestät!"

Das war kein Gedankensplitter und kein geschliffenes Witzwort, das war der Gruß eines in seinem Herzen betroffenen Mannes. Friedrich reichte dem Philosophen den Arm, so schritten sie in die Vorhalle und verschwanden im Haus.

Cäsarion blickte ihnen nach und lächelte. Die Eifersucht war dahin. Freundschaft vergrößert sich, dachte er, in dem sie sich teilt. Und das war nun bereits ein Aperçu.

Über das braune Holz der Täfelung huschte der Kerzenschimmer, hob die Kanten und Kuppen des Schnitzwerks hervor, ließ die tiefer gelegenen Teile in Schattengruben versinken und reichte noch hin, den Fries der Webteppiche mit einem sanften Schimmer zu überziehen. Ihre Farben, sorgfältig vom

Künstler gegeneinander abgestimmt, waren nun alle auf ein zärtliches Rot bezogen, den Widerschein des Lichtes, das wie eine Lasur die Knoten der Wolle bedeckte. Breit wuchs der Kamin aus dem Boden, zartgeäderter Marmor in den Formen, die ein üppiger Meißel aus ihm hervorgetrieben hatte. Das Lichtspiel im oberen Drittel des Spaenschen Zimmers fing sich in dem Spiegel, der den Raum zu verdoppeln schien. Auch hier schwangen die Strahlen auf und nieder, die Gestalten der Zimmerdecke schwebten mit, die olympischen Götter, in ihrer diesseitigen Seligkeit von einem Künstler erschaut, der zwei Jahrtausende nach ihnen von ihrem Wandel verzückt war.

Der junge König saß in der Uniform am Kamin, die Beine, die in Stulpenstiefeln staken, übereinandergekreuzt. Manchmal blickte Friedrich über die Schnitzereien hin, manchmal über die schwebenden Götter an der Decke, zuweilen auch auf das schwere, turmgleiche Wandbüfett; er ertappte sich darauf, daß er den Philosophen unablässig betrachtete, wie ein verliebter Jüngling ein Mädchen, das ihm gut ist, und er wollte das nicht und wandte seine Augen wieder ab.

Und war's nicht auch eine Augenweide, Voltaire zu betrachten, als er nun zu lesen begann? Er war ein häßlicher Mensch, aber über sein Antlitz spann sich ein Geflecht beseelter Nerven, und aus seinen Augen loderte die helle Angriffskraft. Er trug einen grauen Frack, vom Hals fiel eine feine Spitze über die Brust – man sah nicht sie und das

Kleid nicht, nur das Antlitz und die Hände. Was die Augen nicht sagten, das sagten diese Hände, feingliedrig, überlang, spinnig fast, aber immer bewegt, immer den Ausdruck, den das Herz oder der Verstand suchen mochten, mitfindend und mitformend – und auch das noch, wenn sie einmal in die Tasche gesteckt oder auf den Rücken gelegt wurden. Voltaire sagte nun den Titel seiner Tragödie vor sich hin – im Druck ist sie erst einige Jahre später erschienen –, aber er mußte ihn noch ein zweites Mal sprechen, und das kam so: Als er eben mit dem ersten Vers beginnen wollte, der Sopir in den Mund gelegt ist, schollen auf dem Flur Schritte, und obwohl der König, als die Tür sich öffnete, unwillig hinüberblickte, winkte er dann dem Eintretenden zu. Es war der Verwalter Höttges, der windrote Mann in den Silberhaaren, der wohl erkennen mochte, daß sich in dem Spaenschen Zimmer etwas begab, was nicht für seine Ohren bestimmt war. Aber er hatte doch eine Nachricht für den König allein und ging also auf den Zehenspitzen, obwohl niemand mehr sprach, zu Friedrich hinüber, beugte sich zu ihm und flüsterte.

Friedrich freute sich über den Eifer des Mannes, der ein rechter Verwalter nach dem Herzen des seligen Königs schien, nahm die Nachricht, die der Mann brachte, gemessen entgegen und sagte dann: „Wenn's an der Zeit, so laß Er mich rufen!"

Auf den Zehenspitzen, wie er gekommen war, entfernte sich der Verwalter, und Friedrich schaute ihm lächelnd nach. Cäsarion brachte den Mann an die Tür, dann hatte Voltaire wieder das Reich für sich. Und er las nun aus dem neuen Werk, las mit einer hellen und in der Anspannung oft harten Stimme, mit der kein Franzose sonst an der Bühne Molières und ihren Folgerinnen hätte Schauspieler werden können; das vermag nur, wer in seiner Stimme natürliche Fülle hat.

Aber mit dieser Stimme war's beschaffen, wie mit den Händen: sie gliederte alles, was sie singen und sagen mußte, und war gegliedert wie der Geist, der durch sie sprach, ein scharfer, stufender und verzaubernder Geist, der vor den Geheimnissen der Materie nicht halt machte und sich so auch die Stimme, als das Mittel, mit dem etwas ausgedrückt werden kann, herrisch unterwarf. Voltaire wäre nicht der Schüler und Nachfolger des großen Corneille gewesen (so wenigstens nannte er sich in Stunden des Stolzes), wenn er nicht auch mit einem edlen Schwung gesprochen hätte; aber er gab sich diesem Pathos nur so weit hin, als es seine spröde Stimme vertrug, und entging so der Gefahr, durch ein Versagen lächerlich zu werden.

So las er mit allem Bedacht, so wollte er wirken, und wenn er bei seinen Freunden auf dem Theater in die Schule gegangen, so deshalb, weil er wußte, wie sehr sich die Dichter schaden, die nicht lesen können. So hatte Voltaire bald die Freude, zu erleben, daß der König mit seinen Kameraden dem Vortrag der Dichtung und damit der Dichtung in entzückender Aufmerksamkeit folgten. Nur ein einziges Mal – das war, als er über dem ersten Akt allein durch die beschwörende Kraft seines Wortes den Vorhang fallen ließ – erhob sich Cäsarion und öffnete das Fenster ein wenig; aber das unterstrich ja nur den Aktschluß und die Pause, so daß sich der Dichter auch den Abendgesang der Frösche nicht verdrießen ließ, die im Graben von Moyland kaum anders quakten als daheim in Cirey, dem geliebten Zufluchtsort bei der Marquise du Châtelet.

Durch den Beifall beschwingt, begann Voltaire nun auch zu spielen. Nicht, daß er seine Rolle als Vorleser vergessen und als Mime aufgetreten wäre, der überdies alle Figuren des Stückes auf einmal agierte; vor solchem Fehlgriff bewahrte den Dichter sein Verstand. Aber er wußte mit einem Neigen oder Schütteln des Kopfes, einem leisen Aufstampfen des Fußes, mit einem Zurückzukken des Ellenbogens, einem Schnippen der Finger die Worte noch zu unterstützen – auch ließ er sich während der ganzen Vorlesung nicht auf den Sessel nieder und stand, stand, weil er so die Möglichkeit hatte, tief durchzuatmen und seiner Stimme nachzuhelfen, und weil er das Maß an mimischem Nachdruck anwenden konnte, das erlaubt war.

Vor allem aber kannte der Dichter die Kunst der Pause. Er konnte einen Satz verklingen lassen und so lange warten, bis die Hörer sich schon fragten, ob er etwa ein falsches Blatt in der Handschrift vor sich habe; er konnte den nächsten Satz so schnell daranheften, daß

diesmal die Hörer Mühe hatten, ihm zu folgen. Er konnte während solch einer Pause versunken dastehen, so daß die Blicke der Menschen sich schämen mußten, in diese Innerlichkeit einzudringen; er konnte aber auch mit einem Blinzeln und Nicken geradezu auffordern, ihm zu applaudieren – in allem war er nicht etwa ein Komödiant, wiewohl er komödiantische Züge hatte, sondern auch ein echter Dichter und ein echter Philosoph, und gerade aus solcher Mischung erwies er sich so überlegen, weil er jedesmal einen anderen Voltaire vorschickte; je nachdem, wie es ihm nötig erschien, den Dichter, den Philosophen und den Komödianten.

Mahomet steht auf der Schwelle seines Ruhmes; wir erfahren es aus dem Munde Sopirs, seines größten Gegners. Was immer Phanor, ein Senator von Mekka, dem Fürsten entgegenschleudert, weniger Sätze der Liebe als der Furcht vor dem Sieger über dreißig Völker und dem Stifter eines neuen Glaubens – Sopir bleibt unerbittlich. Er hat den Sohn Mahomets getötet, der Prophet Sopirs Kinder – wo gäbe es da noch Übereinkunft? Voltaire wußte Sopirs Worte so zu lesen, daß Stolz und Starrsinn des Alten hörbar, ja sichtbar wurden; er gab, mit ein paar deutenden Gesten, einem Hin- und Herwiegen des Kopfes, einem Verschränken der Hände auch den verträglichen Phanor, der um jeden Preis mit Mahomet paktieren will. Er verkörperte auch Mahomets großen Feldherrn Omar, spielte ihn, indem er nicht spielte und, still verharrend, nur die Worte wirken ließ.

Denn Omar kommt nun, ein Abtrünniger in Sopirs Augen, in den eigenen ein treuer Jünger des Propheten, und bietet nichts Geringes. Sein Herr, der dreißig Völker unterwarf, will den Frieden mit Mekka, der Stadt, aus der man ihn einst verbannt hat. Sopirs Schmähungen können dem strengen, hohen Krieger Mahomets Ruhm nicht verdunkeln.

„Geister gibt's, begünstigt vom Himmel,
die durch sich selbst sind,
alles sind und nichts
dem Ahnherrn schuldig, nichts der Welt.
So ist der Mann,
den ich zum Herren mir erwählte.
Er in der Welt allein verdient's zu sein;
und allen Sterblichen,
die ihm gehorchen sollen,
gab ich ein Beispiel, das mich ehren wird."

So streiten sie, Sopir und Omar. Die Bühne wird zum Ort eines Geistergesprächs. Gegen den Menschen, der nicht zu glauben vermag, steht ein Mensch, der sich zum Glauben durchgerungen – es ist ein uraltes Gespräch, ein tragisches, denn die Stunde, in der er geboren, und die Sonne, die ihm scheint, mild oder streng, und das Land, hart oder üppig, kann sich der Mensch nicht wählen, den Glauben nicht und nicht den Unglauben. Und Omar, der den alten Mann nicht überzeugen kann, vermittelt ihm den Willen des Eroberers der Welt, der um Waffenstillstand bittet und doch mit seinem Heer Mekka zu stürmen vermöchte: die Bitte um ein Gespräch von Angesicht zu Angesicht. Dem kann sich Sopir nicht weigern.

Cäsarion kam mit angespannten Zügen vom Fenster zurück. Meister des Schachspiels, hatte er gewähnt, den Weg des Dramas vorausberechnen zu können, er sah nun, daß sein Scharfsinn versagte. Auch gab der Dichter ihm keine Zeit, Läufer oder Rößlein vorzutreiben; er ließ im zweiten Aufzug, nach den Staatsgesprächen des ersten, die Stimme der Liebe ertönen – ihre Stimmen, her und hin.

Her von Palmire, der Sklavin Mahomets, die seit zwei Monaten gefangen in Sopirs Macht geraten, hin zu Séide, Mahomets Sklaven, der von seinem Herrn als Geisel nach Mekka gesendet worden ist. Sie sehen sich wieder, sie beteuern sich die Jüngerschaft zu Mahomet und die Liebe zueinander und leben von der Speise aller Liebenden, der Hoffnung. Und es hat den Anschein, als ob sie nicht umsonst hoffen; Omar tritt auf und sagt ihnen, daß es ihm geglückt sei, dem Senat von Mekka den Waffenstillstand abzuringen, so daß nun Mahomet, nach langer Verbannung, mit seinen Paladinen, mit Morat, Aki, Pharan und Ammon seine Stadt wieder betreten darf; auf große Tat gerichtet und doch den kleinen menschlichen Dingen offen zugewandt, er schickt Séide zu seinen Kriegern und verspricht Palmiren, ihr Los zu bedenken.

Mit Omar allein wird der übermenschliche Prophet zum menschlichsten aller Liebenden; er gesteht dem Freunde, daß er Palmiren liebt, und weiß, daß sie Sopirs Tochter ist, wie Séide Sopirs Sohn. Und Übermensch und

Mensch widerstreiten einander, nun vor den Augen und Ohren Omars; der Mensch liebt.
Für alles tröstet mich die Liebe. Sie allein,
sie ist mein Lohn, der Arbeit einz'ger Zweck,
der Götze, dem ich räuch're, ja! mein Gott!
Und diese Leidenschaft,
sie gleicht der Raserei
der Ehrsucht, die mich über alles hebt.«
Aber derselbe Mahomet spricht mit der Leidenschaft des Staatengründers:
»Wie manches Volk hat auf der Erde schon
geglänzt an seiner Stelle durch Gesetz,
durch Künste, doch besonders durch den Krieg.
Nun endlich tritt Arabien hervor.«
Hier freilich, hier ward Voltaire zum zweiten Male unterbrochen; es geschah nicht viel, dies nur, daß Friedrich, an seinen Lippen hangend, sich von seinem Sessel erhob und, erregt atmend, ein paar Schritte zum Kamin hin machte. Voltaire mußte wiederholen:
»Nun endlich tritt Arabien hervor,
ein edles Volk, in Wüsten unbekannt,
vergräbt es lange seinen hohen Wert,
blick auf und sieh die neuen Siegestage
herannahn! Sieh von Norden gegen Süden
die Welt versunken, Persien in Blut,
schwach Indien, in Sklaverei Ägypten
erniedrigt, und den Glanz der Mauern
Konstantins verfinstert;
sieh das Reich, dem Rom gebot,
nach allen Seiten auseinanderbrechen,
zerstückt den großen Körper, seine Glieder
zerstreut und ohne Hoffnung traurig zucken.
Auf diesen Trümmern einer Welt laß uns
Arabien erheben.
Unter einem König, einem Gott,
vereint es mein Gesetz. Wie es mir dient,
so soll es herrlich werden auf der Erde.«
Hier machte Voltaire eine seiner Pausen, wie sie sich aus dem überschwenglichen Traumbild Mahomets für den Vortrag ergab; langsam wandte sich der König vom Kamin fort wieder seinem Sessel zu und hatte sich wieder niedergelassen, als Sopir, aus des Dichters Munde, mit den Beweisen des Ungläubigen widersprach.

Der Kampf zwischen dem Propheten und dem Fürsten schlägt nun von der Welt der Gedanken in ihr eigenes Leben zurück. Mahomet kündet Sopir an, daß die totgeglaubten Kinder leben und daß er nur die Hand zum Bündnis zu reichen braucht, um sein Fleisch und Blut wiederzusehen. Er, der Prophet, gebietet über ihr Leben ...

Was wird geschehen? Wird nun der alte Mann, den nichts über den vermeintlichen Tod der Kinder hat hinwegtrösten können, wankend werden? Er wird es auch, kaum mit den Worten als in seinem Mienenspiel, das Voltaire nach seinen Kräften wiedergab, nicht mit den Mitteln des Schauspielers, der genau weiß, wie er wirkt, nein, aus der Überwältigung durch ein hartes Menschenschicksal. Sopir spricht von dem Glücke, das ihn erwarte, wenn er seine Kinder wiedersähe, und wie er, von ihren Armen umfangen, gerne sterben wollte.

Mitten in diese Zeilen des Leides hinein knarrt die Tür und wieder trat der Verwalter Höttges ein, wieder ging er auf den Zehenspitzen zum König, und Voltaire, herausgerissen aus seiner Verzückung, blickte den Eindringling ärgerlich an. Aber der Mann, der die gerunzelte Stirn und die stechenden Augen des Gastes aus Frankreich wohl sah, war offenbar von dem Gewicht seiner Nachricht überzeugt, und so bewegte er sich weiter auf den König zu. Friedrich war noch von der Entscheidung des dramatischen Vorgangs befangen, er schied diesen Vorgang in der Ebene des Geistes sofort von dem der Wirklichkeit und winkte den braven Höttges, der zwei Schritte vor seinem Herrn verhielt, näher an sich heran. Der windrote Mann im Silberhaar beugte sich zu dem Fürsten und sagte ihm, wie vorher, als Voltaire zu lesen begonnen, einige Worte. Schnell erhob sich der König. Er machte zu Voltaire, Cäsarion und den andern Herren hin eine Bewegung, die nicht etwa die Geselligkeit aufhob, die vielleicht seinen Aufbruch entschuldigte und sich jedenfalls auf vielerlei Weise deuten ließ. Obwohl der König mit festen Schritten hinausging, so daß die Stiefel auf dem Boden und die Dielen unterm Stiefel knarrten, so folgte der Verwalter ihm doch auf den Zehen, immer noch von der Verzauberung der Herren unter dem rosigen Kerzenschein befangen, die doch längst durch den Monarchen selbst gebrochen war – der Anblick des prächtigen, so ungeschickt tappenden Mannes machte den Grafen Keyserlingk lächeln.

In der Tür wandte sich der König noch einmal um, er sagte nur: „Auf eine Minute, meine Herren!"
Dann folgte er dem Verwalter und ging mit ihm in den Stall hinüber; die Frösche quakten nicht mehr, der Nebel waberte über den Wiesen, und die Nacht war da. Als die Tür zum Stall geöffnet wurde, drang der Schein der Lampen in den Hof hinein; eine Fledermaus wurde von ihm aufgescheucht und enttaumelte in das verlorene Schwarz. Der Verwalter ging dem König voran, die Stute stand in einem abgetrennten Raum der Stallung, und obwohl eine Ampel tröstlich brannte, brauchte das Auge lange Zeit, bis es aus dem fließenden Braun und Grau und Schwarz Ding und Mensch und Tier heraus heben konnte – dem Tier gehörte diese Stunde.
Es stand zitternd da, schnaufte manchmal, stampfte auf und hielt wieder still, und wenn es nicht wußte, was ihm geschah, so ward es doch durch mehr als Wissen daran beteiligt; es gehorchte dem Gesetz der Schöpfung und litt. Auch spürte es in dieser Stunde noch seinen Herrn; immer, wenn Höttges ihm den Hals klopfte oder die Kruppe, dann legte er den Kopf seitwärts, und obwohl der Schaum aus den Zähnen flockte, das Weiße aus den Augen trat und die Nüstern bebten, war es doch eine Geste stiller Ergebenheit. Diese Anhänglichkeit an den Menschen wirkte Wunder, das Tier sträubte sich nicht mehr, als der Verwalter und die Knechte helfend zupackten, damit das Füllen schneller zur Welt käme. Und immer wieder war es der

Verwalter, dessen Gebot alle gehorchten, er schien der Natur gebieten zu können, indem er ihr ihre Geheimnisse ablauschte. Er sagte manchmal ein paar unverständliche Worte, zerscherbte Silben, mehr dumpfe Laute als klaren Befehl, sie wirkten wie Zauberformeln, der Raum, in dem eine Unruhe schwang zwischen Wand und Wand, kam dann zur Ruhe.

Er wußte so gut wie der König, daß da ein Pferd geboren wurde, das sich mit denen von Trakehnen oder einem anderen berühmten Gestüt an Adel und Rasse nicht messen konnte; immerhin, es würde die großen, zweirädrigen Karren, die man in der niederrheinischen Ebene gebraucht, oder den Pflug selbst, das heiligste Gerät, mit Wucht über die Wege und durch den Acker ziehen. Und es war ein Lebewesen, dem es der Schöpfer zubestimmt, seinen Gang über diese Erde zu machen, und war somit die Pflicht der Menschen, ihm zu helfen; denn sie sind dazu ausersehen.

Plötzlich begann der Höttges ohne Rücksicht auf den König zu singen; keine klare, faßbare Weise noch ein klares faßliches Wort. Wie er voher gesprochen hatte, in lauter bröckelnden Silben und dumpfen Lauten, so sang er nun, in Sekunden und Terzen, auch in Quartensprüngen, ein Allala und Heheho oder was es sein mochte: doch indem er so sang und alles, was um ihn war, dadurch bannte, zwang er seine Knechte, ganz bei der Sache zu sein. Der Gesang stieg und fiel, er schien endlos in dieser Stunde, in der die Zeit ihre Macht verlor und in der es nur ein Maß gab, die sich vollendende Geburt.

Friedrich schaute bald zu dem Tier hin, bald zu dem Mann, er wußte nicht, was ihn mehr anzog, dieses Geschehen an der dampfenden Kreatur, voller Blut, voller Schweiß und Schmutz, oder seine Spiegelung in diesem kräftigen Menschen, der seine Litanei vor sich hinsang, als wäre es ein altes Opferlied an längst versunkene, totgeglaubte Götter. Klang die undeutbare Weise zunächst noch wie Klage und Erbarmen, so steigerte sie sich mehr und mehr zu einer strömenden Fröhlichkeit, und als das Lied dann abbrach, nicht gerade jäh, da war das Füllen zur Welt gebracht, und der Verwalter rieb sich die Schweißtropfen von der Stirn. Lächelnd sah er zum König hinüber.

Friedrich saß auf einem Schemelchen und überließ sich zuerst dem Wunder der Geburt; so es auch ein Tier war, das da gebar, und ein Vorgang alltäglicher Art, der König empfand doch, daß solchen Dingen nur der nahekommt, der nicht verlernt hat, sich zu verwundern. Zuweilen begehrte in dem König etwas auf, sein Kopf war wie betäubt, Friedrich suchte vergebens, warum er sich sträubte – es war wohl der Trieb eines Menschen, der alles, was er sich und seinem Volke abrang, über die Natur hinweg erzwang, und hier, in der Stallung von Schloß Moyland, herrschte zu dieser Stunde die Natur und die Kreatur.

Voltaire verharrte einige Zeit an dem Notenpult, auf dem die Handschrift des Mahomet lag; und da weder Cäsarion noch sonst einer der Herren das Wort nahm, tat er's auch nicht. Er litt. Gerade der Schluß des zweiten Aufzuges war ihm von seiner Vorlesung weggekappt, dieser wichtige, für den Fortgang des Werkes entscheidende Schluß, durch den sich der große Mahomet als ein kleiner und böser Mensch entlarvt, der im Namen der Religion seinen Gegner mitten im Waffenstillstand ermorden lassen wird. Auf diesen Schluß baute der Philosoph seine Wirkung auf; er rechtfertigte den Plan, im Drama darzustellen, wie der Fanatismus die Religionen entarten läßt und hier schon in der Gestalt des Stifters.

Mußte nicht gerade das einen König hinreißen, der ein Buch wider den kalten Florentiner verfaßt hatte, eine Absage an die Macht um der Macht willen und an den Zweck, der die Mittel heiligt? Ja, mit diesem Schluß, so hoffte Voltaire, werde er den König bewegen können, den Antimachiavell im Buchhandel zu belassen. Aber was geschah, die Kerzen brannten nieder, und der Monarch, der sich auf eine Minute hatte entfernen wollen, kam nicht zurück.

Schließlich wendete sich Voltaire an den Grafen Keyserlingk mit der Frage, ob er denn den Grund wisse dafür, daß der König mit dem Verwalter fortgegangen sei. Cäsarion ging zur Tür und rief einen Diener, der Diener ging und kam zurück, nach einer Minute schon, und überbrachte den Wunsch des Königs, daß man auf ihn noch warten möge.

„Weil eine Stute wirft?" rief Voltaire.

Keyserlingk widersprach nicht. Voltaire trippelte mit kleinen, hastigen Schrittchen zu dem Notenständer hinüber, nahm mit einem komödiantischen Schwung die Handschrift und sagte heiseren Tones zu Cäsarius: „Ich bin überanstrengt ... sagen Sie dem König, daß ich schlafen bin!"

„Seine Majestät wird zürnen", antwortete Keyserlingk. „Das wird meinen Schlaf nicht stören!" antwortete Voltaire und winkte dem Diener, er möge ihm in sein Zimmer voraufleuchten. Gemessen, sich allein mit einem Kopfnicken verabschiedend, ging der Dichter und Philosoph durch die Tür und stieg die Treppe hinauf.

Wenige Minuten später kam der König. Keyserlingk sagte ihm, daß Voltaire gegangen sei. Friedrich stutzte. Dann ließ er sich die Flöte bringen. „Meine Herren, wir sind noch jung. Müssen wir schon zu Bette?"

Und während sich Keyserlingk ans Zimbal setzte und Noten auf den Ständer legte, rieb Friedrich mit seinen Händen die Flöte, daß sie sich erwärme. Er tat es wohl zu gewissenhaft, denn die ersten Töne waren nicht rein. Ärgerlich blies der König quirlende Läufe. Dann kamen die beiden ins Musizieren.

Es war ein Stück des jungen Locatelli, eigentlich ein Flötenkonzert, Cäsarion übertrug das, was die Instrumente zu spielen hatten, aufs Zimbal, und er machte das so gut, daß Friedrich, mitten im Spiel, durch ein Kopfnicken ihm seine Zufriedenheit bezeugte. Es war ein heiteres Werk, der Andante-Satz freilich ging schwerer, doch auch er schien wie dazu geschaffen, den jungen König, der mit sich selbst uneins war, fröhlich zu machen. Der Mond hatte noch am Himmel gestanden, als Friedrich den Stall verließ, mit einem letzten Blick auf den Verwalter, dessen Haupt ebenso sicher in den Sternen stand wie seine Füße auf der Erde; nun war das Gestirn der Freundschaft längst wieder hinab, als Friedrich den Grafen entließ.

„Cäsarion", sprach er, „der Mann will mir einen Denkzettel geben: als ob es nichts wäre, wenn ein Tier geboren wird!"

So hatte nicht einmal die Musik den König befrieden können: daran spürte Cäsarion, daß der Monarch dem Philosophen zürnte. Und der Arzt aus Minden sagte zu Keyserlingk, der König gefiele ihm nicht. Noch in der Türe zitierte der König:

Qui moi, baisser les yeux devant ses faux prodiges?

Friedrichs Geist schwang sich auch noch am nächsten Morgen auf den Wellen dieser Verse; aber er sagte sie nicht genießend und von ihrem Schmelz entzückt vor sich her, sondern treibend und getrieben; das Fieber hatte ihn wieder gepackt.

Der Philosoph ging durch den Schloßpark; er sah, wie die Sonne langsam die Nebel aufleckte, die so tiefe über den Wiesen lagen, daß die Köpfe der Weidensträucher daraus hervorschauten. Voltaire freute sich der Beete, auf denen die Herbstblumen leuchteten, Astern in tiefen, satten Farben, und er betrachtete sich, spielend wie ein Kind, in den großen Glaskugeln, die über die Anlagen ver-

streut waren, so als wäre die Pracht der Blumen noch nicht groß genug.

Wie in Cirey, dachte Voltaire, wie in Cirey! Das war das Schloß seiner Zuflucht, die Stätte, an der er den Mahomet gedichtet, nicht ihn allein, noch manch funkelnde Streitschrift – und er wußte, daß er das nur durch die Freundschaft zu den Châtelets vermocht hatte, vor allem zu der Marquise. Eine tätige Frau, wahrhaftig, eine Frau, die den Alltag wichtig nahm und das verfallene Schloß langsam in Stand brachte, eine nützliche Frau, fürwahr, trotz ihres hohen Standes, keine, um derentwillen eine Revolution nötig wäre – und doch: sie wäre niemals, weil eine Stute warf, aus dem Zimmer gerannt, wenn er, der Freund, ein neues Werk aus der Taufe hob. Der Philosoph beschloß, auf sein Zimmer zu eilen und zu frühstücken, ein Ei oder zwei und eine Tasse Schokolade, ein Biskuit und sonst nichts, denn er wollte sich erst zum Abend wieder melden lassen; er wollte wirken, arbeiten, den halben Tag, den ganzen, vielleicht auch die Nacht zu Hilfe nehmen – Arbeit war das Leben, immer wieder Arbeit, und wenn das Leben darüber zu kurz kam, Arbeit! Durch sie mochte die edle Frau gewonnen werden, durch sie der junge König – aber das war niemals das Ziel –, das Ziel blieb die Arbeit selber. Und auf einem kleinen Raum in diesem Wasserschloß ließ sich immer noch besser arbeiten als in der Kutsche zwischen Brüssel und dem Niederrhein. Da kam Cäsarion in den Garten hinab und sagte, daß der König krank sei. „Ach!"

81

Mehr sagte Voltaire nicht, aber die Arbeit loderte schon in ihm. Und galt es zunächst auch nur, einen Vierzeiler zu schmieden, ein Gedicht an den kranken königlichen Freund, Sinn und Reim wollten doch zueinandergefügt sein, nahtlos, und selbst ein Verslein, das aus der Eingebung des Augenblicks empfangen und gearbeitet war, stand es nicht auf den Fundamenten langer, mühseliger Arbeit von durchlittenen Jahrzehnten!

Wohl klopfte der Philosoph das Häubchen vom Ei, wohl aß er ein Biskuit, wohl trank er in hastigen Zügen seine Schokolade; aber essend und trinkend war er doch nur darauf erpicht, den Versgruß an den kranken, vom Fieber geschüttelten Monarchen zu ründen. Der Diener kam und räumte den Tisch ab, Voltaire bemerkte ihn nicht; der Diener kam und bat zur Mittagstafel; Voltaire schaute verdutzt auf seine Taschenuhr.

Nicht, daß er den ganzen Morgen darüber verbracht hatte, an den König zu schreiben; aber die Einfälle überfielen ihn üppig wie eine Traubendolde: der Vierzeiler lag längst fertig und mit zierlicher Schrift niedergelegt auf dem Tisch; aber an diese Arbeit hatte sich eine zweite gehängt und eine dritte, während also ein Einfall sich an den andern rankte, war der, der sie heraufzauberte, nur ihr Geschöpft er verlor den Sinn für Zeit und Ort. Erst als Cäsarion eintrat, nachdem er ein paarmal höflich und vergebens angeklopft, bequemte sich der Philosoph zur Mahlzeit, aber: „Lesen Sie", rief er, „sprechen Sie, das ist für den König!" Und der Graf las.

„Wenn wir das Fieber hassen,
das unsern Freund ergreift:
Im Fieber ist's,
daß wagend er an die Sterne streift.
Und ihre Schnuppen fallen
zu seinen Füßen hin.
Und neue Welten ordnen sich rings
nach seinem Sinn!"

Während ein Diener den Vers nach dem Kabinett des Königs brachte, folgte Voltaire dem voranschreitenden Cäsarion. Man würde mit diesem Kurländer speisen, gewiß; aber nur eben einen Teller Suppe und einen Happen Wildbret; bis zum Abend waren noch sechs Stunden, und diese sechs Stunden waren für die Arbeit da.

Ach, Voltaire kannte den Kurländer noch nicht; der Mann plauderte so berückend wie wenige, so berückend, nun, wie ein Franzose. Und Cäsarion gab sich Mühe, den Philosophen vergessen zu lassen, daß der König nicht bei Tisch war.

Cäsarion stammte aus nördlichen Breiten, aus östlichen, ließ sich mit demselben Anspruch auf Wahrheit behaupten – so nördlich war das Land aber nicht wie jenes Lappland, das Monsieur Maupertuis messend durchstreift, so nördlich auch nicht wie das Schweden Karls XII., dessen Leben und Sterben der Franzose beschrieben hatte. Auch war es nicht so östlich wie die Länder, die der Schwede durchzogen – aber immerhin, es war anders, ganz anders als das mittägliche Frankreich mit seinem Weizen und seinem roten Wein.

Und eben diesen Unterschied lebendig zu machen, war Cäsarions Ziel. Er schilderte den kurzen, jähen Frühling dieser Breiten und den langen, kalten Winter; er sprach von den Untertanen des baltischen Adels, dem die Schlösser und Länder gehörten; er plauderte von den Zaren, die die Köpfe abschlagen ließen, und von den Zarinnen, die, selbst wenn sie aus dem Westen kamen, in östlicher Manier mit Trunkenbolden und Ministern schlafen mußten, nicht als wenn sich damit ein Menschenschicksal verbände, nur freundliche und funkelnde Anekdoten.

Das gefiel dem Philosophen; er war auf nichts so begierig als wie auf die Kunde von fremden Ländern und wäre von Herzen gern jahrelang gereist, aber es gab eben in Frankreich allerlei zu tun, und wenngleich Voltaire in seinen Schriften, wie tausendfach darin behauptet war, das Wohl der ganzen Menschheit wollte, das Wohl Frankreichs ging allem andern voran – aber darüber ward nicht erst gesprochen. Da man aber schon nicht reisen konnte – wie angenehm, von Cäsarion zu hören, wie es da oben zuging, in dem Land, in das schon heulend die russischen Wölfe hineindringen, wenn sie der Hunger treibt.

So kam es, das Voltaire zweimal von der Suppe nahm, ganz gegen seine Gewohnheit, und zweimal von dem Braten, wobei er's lobte, daß seine Gestalt so zierlich war – den großen Menschen schadet das Essen –, und als er sich schließlich verabschiedete, mußte er doch ein Mittagsschläfchen halten, daran war Cäsarion schuld, Cäsarion und der Rotwein aus dem Keller von Schloß Moyland.

Als der Philosoph auf sein Zimmer kam, lag da ein Briefchen des Königs – sauber gefaltet, mit einem Siegel darauf. Voltaire erbrach den Brief und sah, wie sehr das Fieber den König gepackt haben mochte; die Schrift war fast unleserlich, und der Dichter brauchte eine Weile, um sie zu entziffern.

Es war ein Vierzeiler, wie war's anders möglich! Wie man in den Wald ruft, so schallt es heraus, sagt ein deutsches Sprichwort; ein großer Teil der Briefe, die Monarch und Dichter in vier Jahren bis zu dieser Stunde und noch sechsunddreißig Jahre danach gewechselt, drehten sich um die Verse eines Königs, der regieren, aber auch Verse schreiben wollte. Selbst an diesen Reimen war etwas auszusetzen, gewiß, aber diesmal sah Voltaire über die Form hinweg: der Inhalt schmeichelte ihm zu sehr, er glaubte auch, zwischen den Zeilen lesen zu dürfen, daß von dem verwichenen Abend kein Mißklang zurückgeblieben war. So schrieb Friedrich:

„Was selbst kein Arzt vermag,
des Dichters Wort erreicht,
Er sendet seinen Gruß –
sieh da, das Fieber weicht.
Und auf die Erde wendet sich
der verschwärmte Blick,
Dort kündet der Prophete uns
Mahomets Geschick."

In derselben Minute, in der Voltaire den Vierzeiler des Königs las, sprach der König zu dem Feldscher aus Minden ein seltsames Wort. Der beobachtete zwar mit einiger Zufriedenheit, daß das Fieber gesunken war, und führte es auf sein Pulver und Umschläge zurück; ihm war es aber ein rechtes Ärgernis, daß er den Grund für dieses Fieber nicht zu finden wußte. Das Fieber, so sagte seine Wissenschaft ihm, das Fieber war nicht die Krankheit selbst, sondern das Zeichen dafür; wo aber war die Krankheit, die dieses jähe Flackern und Lodern und Zusammensinken verursachte! Der Arzt gestand dem König ein, daß er den Grund für die Krankheit nicht kenne; und er fragte den Monarchen, weil er glaubte, so der Ursache besser auf die Spur zu kommen, weil es Kranke gibt, Menschen hellen Geistes, die sich gut beobachten und kennen. Der König wies ihm nun die Spur, aber da schüttelte unser Feldscher den Kopf. „Mein Lieber", sagte Friedrich, „ich fiebere, weil ich König geworden bin!"

Das glaubte der Mindener Regimentsarzt nun und nimmer, und er gab sich keine Mühe, seinen Zweifel zu verbergen.

So kam der Abend, Friedrich trat erst ein, als die andern Herren schon beieinander waren, die Kerzen flackerten wieder, wieder legte Voltaire seine Handschrift auf den Notenständer. Voltaire las, und was ihm am Abend vorher als ein Ärgernis erschienen war, jetzt galt es ihm als ein Gewinn: er konnte mit jenem Aktschluß beginnen, mit den Worten des Propheten an seinen Feldherrn, die doch zugleich ein Selbstgespräch sind, und dem kalten Plan, den Waffenstillstand frevlerisch auszunutzen und den Gegner Sopir durch einen gläubigen Anhänger ermorden zu lassen, durch Séide.

Nun konnte der Dichter ohne Pause mit dem dritten Aufzug einsetzen. Die beiden Liebenden weilen zusammen, Palmire und Séide. Der schreckliche Befehl des Propheten läßt sie erzittern: sie können's nicht fassen, daß Sopir dem großen Mahomet im Wege steht, und als Séide geht, seinem Auftrage getreu und zur Tat entschlossen, und als Palmire dann zurückbleibt, entringt sich ihr ein banges Bekenntnis: Sie kann Mahomet nicht mehr verehren, ohne daß ihr vor ihm graut. Und da kommt er auch schon selbst und vernimmt ihren Seufzer um Séide.

Das kränkt, das erzürnt ihn. Er wird noch härter getroffen. Palmire weiß ja nicht, daß er sie begehrt, und so gesteht sie ihm ihre Liebe zu Séide. Sie wendet sich an sein väterliches Vertrauen, sie findet durch die Macht ihres Gefühls immer herzlichere Worte für ihre Beziehungen zu dem jungen Helden. Er mißbilligt ihr Gefühl, er könnte ihr zürnen; doch der Politiker siegt in ihm, der Mann, der um jeden Preis sein Ziel erreichen muß; so nimmt er ihr das Versprechen ab, Séide durch ihren Zuspruch in seinem Auftrag zu bestärken. Erst als sie zu dem Freund gegangen ist, bricht Mahomets Zorn auf:

Verhaßt Geschlecht! Du bist
zu meiner Qual geboren; Vater, Kinder,
eins wie das andre! doch ihr sollt zusammen
des Hasses wie der Liebe Wut und Macht
an diesem Schreckenstage grimmig fühlen."

Und wieder tritt Omar auf, der Mann der Tat, der keinen Stillstand kennt, keine Pause, kein Atemholen – er mahnt den Propheten an seine, an Séides Anschlag auf Sopir. Er bringt den Beweissatz des grausamen, des wirklichen Lebens: Schlägst du nicht zu, tut es der andere! Und er treibt Mahomet so sehr, daß er nun nur noch an seinen Plan denkt: als Séide zurückkommt und an dem Mordbefehl rüttelt, an seinem Sinn zweifelt, stößt Mahomet ihn mit harten Worten von sich: berechneten Worten, denn ein Séide erträgt es nicht, vor dem Antlitz seines Herrn verworfen zu sein.

Diese Qual des Jünglings füllt die folgenden Szenen: Während in bangen, verzweifelten Worten er mit sich selbst ringt, tritt Sopir zu ihm, der Mann, den er morden soll – und während ihm noch soeben der Prophet, vom Fanatismus besessen, die Botschaft des Hasses vermittelt hat, spricht ihm Sopir nun von Liebe, von Dankbarkeit, von allem, was das Leben adelt. Ja, nun will der alte Mann einmal noch handeln, will er Séide verbergen, ohne zu wissen, daß der ihn morden soll – aber Omar, der treue Wächter Mahomets, wittert Gefahr und befiehlt Séide, sich zu Mahomet zu begeben.

Die kleine Szene, die diesen Aufzug abschließt, las Voltaire mit ganz leiser Stimme, der König und seine Freunde mußten sich Mühe geben, daß sie jedes Wort auch verstünden; aber das wollte der Dichter mit seinem Flüstern erreichen. Er war stolz auf dieses Selbstgespräch des alten Sopir; er,

nicht Mahomet war ja die Gestalt seiner Dichterliebe: und so läßt er denn den Greis durch eine Botschaft Phanors erfahren, daß Palmire und Séide Geschwister, daß sie seine Kinder sind.

Das war denn wohl ein Gipfel der dramatischen Führung, wohl geeignet, nun eine Pause zu machen; so sagte er, wie nebenher, daß nun der fallende Vorhang zur Pause lade, und im Nu waren die Männer in ein Gespräch verwickelt. Der Feldscher, der sich sonst nicht zu beteiligen pflegte, faßte den Philosophen eindringlich redend und gestikulierend, ja, wie stoßend am Arm und fragte heftig: „Wie kann man jemand zum Helden machen, wenn man ihn nicht als Helden sieht?"

Friedrich wandte jäh den Kopf zu dem braven Regimentsarzt hinüber, der, unsicher geworden, schon willens war, seine eigene Frage zurückzunehmen; doch gab Voltaire dem Mindener eine Antwort. „Wenn ich aber einen Arzt in ein Theaterstück stelle – dann wird eine Komödie, nicht wahr?"

Worauf der Feldscher schwieg und sich zugelobte, niemals mehr in Anwesenheit des Königs und gegenüber einem Herrn von Voltaire einen Satz zur Ästhetik zu äußern.

Voltaire las nun weiter. Mahomets schrecklicher Befehl hat in Ammon einen Mitwisser gefunden und Omar diesen verwirrenden Umstand entdeckt. Mahomet weiß, daß Ammon schwach ist und der Schwache leicht zum Verräter wird: also muß auch er fallen, und mit ihm und Sopir zugleich Séide, doch Palmire,

"sie selbst,
unwissend, werfe sich in dieser Nacht
des Schreckens, der Gefahr in meinen Arm.
Am Rande der Vernichtung lerne sie
der Liebe Glück in meinen Armen kennen."
Séide tritt auf und spricht wiederum, von
dem Befehl und der fürchterlichen Pflicht
zerrissen, mit sich selbst; spricht mit Palmire,
die ihm auf dem Fuße folgt und ihn nun,
durch Mahomet getrieben, auf die abschüssige Bahn des Mordes treibt. Séide legt ihr
Wort als einen Wink der Gottheit aus und
beschließt nochmals die Tat. Als Voltaire
diese Szene gelesen hatte, unterbrach er sich,
wandte sich vor seinen Hörern um, daß sie
ihn vom Rücken her sahen, wies mit einer
beschwörenden Geste zur Wand, die vor seiner Phantasie sich zur Bühne öffnete, und
gab eine szenische Anmerkung.
„Der Grund des Theaters öffnet sich", sprach
er, „man sieht einen Altar."
Sopir kniet nieder und betet zu den Göttern
seines Landes. Séide dringt ein, Palmire sucht
ihn zurückzuhalten, er eilt hinter den Altar –
Palmire vernimmt einen Schrei, sie weiß nun,
was geschehen ist, Séide irrt zurück, geistesabwesend, so daß sie ihm über seine Tat die
Augen öffnen muß, und während sie die
Stunde und das Schicksal beklagen, erhebt
sich Sopir hinter dem Altar und dünkt sie als
eine Erscheinung. Er nimmt von ihnen Abschied, Phanor kommt, er erfährt, was geschehen, er enthüllt Séide, daß er den eigenen
Vater erstochen hat, was Ammon sterbend
verraten, Séide stürzt sich zu seinen Füßen

nieder, und Palmire erkennt, daß sie den
eigenen Bruder sich zum Gatten ersehnt hat.
Omar mit seinem Gefolge tritt auf, der unermüdliche und unerbittliche Wächter, er erkennt, daß das Geschehen gegen Mahomet
ausschlagen kann, er läßt Séide und Palmire
abführen, und Sopir bricht sterbend zusammen.
So schließt der vierte Akt, und Voltaire hielt
es für richtig, unmittelbar daran den letzten
zu lesen; aber der König, noch müde von
seinem Fieber, lud den Dichter mit einem
Wink ein, sich vorerst zu ihm an den Tisch
zu setzen. Der König sann noch den Geschehnissen nach, und es blieb still in dem
Raum: die Kerzen flackerten, und jetzt, wo
die Worte versiegt waren, hörte man zuweilen von den Wiesen her die Raben krähen.
„Was ist eigentlich Omar für ein Mann?"
fragte der König.
„Ein Mann nach meinem Herzen", warf Cäsarion ein, „er dient in Treue seinem Fürsten,
nicht mehr, nicht weniger. Wenn die Gefahr
auftaucht, er wittert sie; um sie abzuwehren,
scheut er sich nicht vor Betrug und Hinterlist; dennoch ist es ein gerader, ein trefflicher
Charakter."
Voltaire hielt sich noch zurück, es bereitete
ihm keine geringe Lust zu sehen, wie er
durch die von ihm geschaffene Gestalt noch
weiter in die Mitte der Geselligkeit rückte,
nicht mehr durch sein Dichterwort, schon
durch dessen Spiegelung. So faßt der Arzt aus
Minden noch einmal Mut und sagte, an Keyserlings Worte vom geraden, trefflichen

Schloß Moyland von Süden, um 1900

Wesen Omars anknüpfend, kurz und mit einem seltsam brummigen Ton:
„Nun ja – eben ein Soldat, wenn Sie wollen, nur ein Soldat!"
Der König zog mit verschränkten Armen ein Knie über das andere. „Und was sagen sie, Voltaire?"
Voltaire schloß die Augen und hielt die Hände flach auf die Schläfen; nicht, daß er einen Schmerz empfunden hatte, aber er machte so allen sichtbar, wie angestrengt er nachsann. Vielleicht war's aber auch gar keine Absicht, dabei überstürzten sich in ihm die Gedanken zu immer kühnerer Formel – genug, er sagte dann: „Omar? Er gleicht Friedrich Wilhelm, dem Vater Euer Majestät!"
Der junge König beugte sich vor. Er wollte etwas sagen, aber er erinnerte sich wohl seiner Zusicherung an den Philosophen und schwieg. Doch dieses Schweigen fraß sich in ihn hinein. Schließlich stand er jäh auf, schob den Stuhl zur Seite und wollte hinausgehen. Voltaire folgte ihm ein paar Schritte und sagte dabei, fast stammelnd: „Aber Euer Majestät!" König Friedrich wendete sich noch einmal um.
„Herr von Voltaire! Sie sind der Philosoph dieser Zeit und ihr größter Dichter. Sie hätten die Pflicht, unvoreingenommen zu sein. Mein Vater, der mich geschlagen hat, war ein großer Mann; ich wüßte nicht, daß er jemand betrogen und hintergangen hätte; jedenfalls ist er mir zu schade, um mit einer solchen Figur verglichen zu werden. Gute Nacht, meine Freunde!"

Die Stiefel des Königs knarrten über die Diele.
Langsam ging Voltaire zu dem Notenständer hinüber und nahm seine Handschrift an sich. Für ein paar Minuten hegte er den Gedanken, abzureisen, mitten in der Nacht. Er schickte also nach dem Kutscher und dem Bedienten in die Gesindekammern, die beiden Brüsseler waren ins Dorf gegangen und saßen wohl beim Bier.

Das also war der König, der mit Weisheit und Güte regieren wollte, der Philosoph auf dem Thron. Wegen eines Vergleichs, den er für mißglückt hielt, sprang er auf, verließ den Saal, brach er abermals die Vorlesung ab und schleuderte brüske Worte heraus – vulkanisch. Ja, er war der Sohn dieses Vaters, er trug, seit er den Thron bestiegen, immer nur die Uniform, er glich einem Kapitän in seiner Armee, nicht einem Dichter, einem Philosophen ... unerträglich, diese knarrenden Stulpstiefel!
Und die Herren seines Gefolges? Sie hatten nach diesem Ausbruch des Königs nicht zu bleiben gewagt, dieser Arzt aus Minden hatte sich sogleich davongemacht, und der immer lächelnde Graf aus Kurland war, gönnerisch winkend, dem Monarchen gefolgt: offenbar, weil er es für richtiger hielt, ihn zu versöhnen, statt, was nach Voltaires Meinung wichtiger gewesen wäre, ihn, den gekränkten Gast aus Frankreich.
Jetzt kamen sogar diese rücksichtslosen Bedienten und löschten die Kerzen aus.

„Arbeiten!" rief Voltaire sich zu. „Arbeiten!" und er hastete auf seine Zimmer, ließ sich einen Schlafrock geben, beugte sich über eine neue Handschrift, griff zur Feder und schrieb ... ob drei Stunden oder fünf, das war nun nicht mehr von Belang, Raum und Zeit zu unterjochen, war der Triumph des Menschen, und sein Sieg, die Menschen für das Gute zu verbünden.

So kam er dazu, einen Brief an den Jüngling Dufour in Brüssel zu richten – jenen Schwärmer, der mit Kugeln voll erhitzter Luft durch den Äther fliegen und der die Schlösser der Despoten vernichten wollte. War es nicht an der Zeit, dem Jüngling zu schreiben, dieser König ist wie die andern auch, die Macht ist die Macht, und wer von ihr ißt, hat Gift genommen, und seine Seele stirbt daran! Und war der König, der einen Voltaire schulmeisterte, nicht ein kleiner Philosoph nur, unbeträchtlich, wie er als Dichter war, ein Poet, dem man die Verse putzen mußte wie Gemüse oder wie Kerzen! Wenn ein Herr Rohan einen Philosophen verprügeln ließ, so traf das ihn selbst, auch dang er sich die Leute dazu; dieser König prügelte selbst.

Aber später zerriß Voltaire das Schreiben wieder; diesem König war zuzutrauen, daß er das Schreiben seiner Gäste öffnen ließ; aber eines blieb noch zu tun, Posten um Posten setzte Voltaire die Kosten der Reise von Brüssel nach dem Niederrhein auf, eine Rechnung, die dem Hofmarschallamt baldigst zu präsentieren war. Ein Philosoph, das sollte der Monarch nun lernen, reist nicht billiger als ein König, und er hat ein größeres Gepäck! – mochte der Sohn des filzigen Friedrich Wilhelm beizeiten falsche Sparsamkeit verlernen. Eine säuberliche Rechnung, Punkt für Punkt genau abgewogen, aber eine große Zahl von Summanden, die der Marquis von Brandenbourg nicht von vornherein erwogen hatten, im Gegensatz zu den Königen Frankreichs.

Und so genoß Voltaire seine Rache, ehe er sich zum Schlaf niederlegte; so noch, als er sich am frühen Morgen erhob und die Rechnung mit einem Zettel an den Grafen Keyserlingk schickte, des Inhalts, er möge doch das Briefchen an die rechte Stelle leiten.

Doch war es unwichtig etwa, war es nicht ein Zeichen vom Fortschritt der Menschheit, wenn ein König sich der Philosophie verband? Als Friedrich, wie wenn nichts geschehen wäre, gegen Mittag den Dichter zu einem Gang durch den Schloßpark bitten ließ und ihm lächelnd und mit allen Zeichen der Gunst entgegentrat, wischte Voltaire das Ungemach aus, als ob es nur ein Traum gewesen wäre.

Und der Abend kam, der beide noch einmal zusammenbrachte, Voltaire las den letzten Aufzug des Mahomet, er gab ihn anders, das sollte sich zeigen, als er genommen wurde – und die ersten vier Aufzüge bewegten den König nicht so sehr wie der letzte, kürzeste. Den ganzen Nachmittag schon hing ein Gewitter in der Luft; der Strom ging glatt, ohne Wellen oder auch nur Wellchen zu werfen, bleigrau von Farbe und bleigrau war auch der

Himmel – wer den Strom hinab- oder hinauf-blickte, konnte für einen Augenblick, bei ausgeschaltetem Bewußtsein, vermeinen, daß an breiten Toren der Himmel in den Strom hinabsickere, langsam zwar, aber auch nicht aufzuhalten. Kam ein Boot zu Berg oder zu Tal, so hing das Segel schlaff; die Schiffer mußten nach Süden zu, aber auch wenn sie nach Norden wollten, die Ruder gebrauchen, damit die Schiffe steuerfähig blieben. Das taten die Ruderer denn auch, nackt standen sie an den Riemen, und wer ihre Gewohnhei-ten und Bräuche kannte, der wunderte sich, daß sie nicht, wie sonst, einander ihren Gruß zuriefen. Aber die Kraft dazu brachten sie nicht mehr auf.

Die Weiden am Ufer, wo sonst immer der Wind geht, standen wie verzaubert; ein Blätt-chen starr neben dem andern, wie aus Metall geschnitten. Die Reiher, die sonst gegen Abend in stolzen Bögen über das Bruch rauschten, hockten reglos im Schilf, selbst die Krähen, die sonst bis zum Einschlafen um die Pappeln ruderten, waren nirgends zu hören. Der Pottbäcker aus Schaephuysen, der ein paar Tage lang am rechten Ufer des Stromes die Dörfer und Städtchen besucht hatte und nun bei Elten wieder übersetzen wollte, mußte noch einmal Quartier nehmen; der Fährmann weigerte sich, ihn überzusetzen, und meinte, der Sturm könne losbrechen, wenn sie mitten auf dem Strom wären. Manchmal klang fern, sehr fern ein Rummeln und Grummeln, die Menschen hofften, es möge der Hall des Donners sein; doch war der Schall so leise, beinahe zart zu nennen, als wollte die Natur die Menschen äffen. Denn wo Gewitter war, da war Wind, und aller Wind schien tot. Je näher die Nacht kam, um so drohender wurde die Stille; und als es schon dunkelte, war's immer noch so, als ob der Himmel zäh und bleiern in den Strom hinabflösse. Eilig wurde das Vieh in die Ställe getrieben ...

Auch das Schloß Moyland lag so in den Gräben, als ob es auf Blei stünde und als ob man zu ihm vom Ufer her hinübergehen könne; die Windfahne stand, vom letzten West her, starr nach Osten gerichtet und regte sich in ihren Lagern nicht.

Der Verwalter allein war voller Unruhe; er ließ überall die Fensterläden schließen, ob-wohl die Leute murrten und sagten, nun sei es noch heißer; er durchschritt die Ställe und prüfte bei jedem einzelnen Pferd, bei jedem Stück Vieh nach, ob es angekettet war. Soviel Eimer in der Wirtschaft waren, so viele ließ Höttges bis zum Rande füllen; dann gebot er den jüngeren Knechten, sich in der kommen-den Nacht angekleidet niederzulegen; damit er sie in jeder Minute, wenn Not am Mann sei, um sich versammeln könne. Schließlich schickte er einen Knecht in den alten Turm hinauf, wo, mitten zwischen ihrem Gewölle Eulen hausten; er ließ auch dort die Fenster schließen, damit, wenn sich nun der Sturm-wind erhebe, kein Durchzug entstünde.

Bei sinkender Nacht erst setzte sich der Mann zu Tische; aber während er sich den

Schinken in breiten Scheiben aufs Brot legte, fiel ihm ein, daß noch etwas vergessen sei; also ließ er ein Pferd vorführen und ritt, der breite, starke Mann, in vollem Trabe zum Dorf. In der Schenke hielt er an und wies den Knaben, der ihm das Pferd halten wollte, freundlich zurück; er band selbst das Tier an ein Eisengeländer.

Als er eintrat und der Lärm sich plötzlich legte, blinzelte er in das Halbdunkel des Raumes und winkte herrisch den beiden Brüsselern, ihm zu folgen. Es hatte den Anschein, als ob sie sich sträubten; da warf Höttges ein Geldstück auf den Tisch und winkte noch einmal. Die beiden erhoben sich kleinlaut und folgten.

„Die Pferde brauchen euch diese Nacht!" sagte der Verwalter.

Der Kutscher blickte in den Himmel und folgte wortlos; der Diener machte Miene, umzukehren.

Da aber griff ihm der Verwalter, der schon wieder zu Pferde saß, nach der Schulter und ließ den Gaul antraben. Ob er wollte oder nicht, der Mann mußte mit, und als er auf den Hof von Moyland kam, war er vom Schweiß so naß, als ob es geregnet hätte. Höttges hielt es bisweilen für nötig, unklugen Leuten eine Lehre zu geben. Schließlich ging er ins Schloß hinüber und begegnete auf der Treppe dem Franzosen; mißtrauisch blickte Voltaire ihn an. Aber der Verwalter wollte nicht zum König; er suchte nur, ob man vergessen habe, irgendwo ein Fenster zu schließen.

Schließlich ging er in den Pferdestall zurück; dort knisterte die Unruhe über lebendes und totes Ding. Hier bäumte sich ein Gaul und schlug mit dem Maul gegen die Raufe, dort schlug ein anderer aus und trommelte gegen die Bretterwände; ein dritter wieherte laut auf, ein vierter legte sich mit lauten Bewegungen auf den Boden. Alle diese Geräusche fluteten plötzlich auf und ebbten langsam wieder ab.

Der König wollte den nächsten Morgen weiterreisen und sich in den Städten des Niederrheins huldigen lassen, die er noch nicht besucht hatte. Da Höttges seinen Ehrgeiz darin setzte, daß Pferd und Wagen im besten Stande waren, so ließ er sich in die Ecke des Stalles einen Stuhl setzen und übernahm selbst die Wache.

Im Spaenschen Zimmer fanden sich die Herren wieder zusammen; der König zog sich nach Tisch noch um und kam zurück, er stellte, nicht ohne gewichtige Gesten, ein Lederkästchen, flach und quadratisch, auf den Kamin. Er lehnte sich in den Sessel zurück und blickte hinauf zu den olympischen Göttern an der Decke; sie schwebten dort immer, unbekümmert um alles, was unter ihren Füßen geschah. Voltaire begann.

Der letzte Aufzug des Werkes ist sehr kurz; die Fäden sind geknüpft und lösen sich mit einem einzigen Griff. Wieder stehen Mahomet und Omar zusammen, der Feldherr eröffnet seinem Abgott, daß Sopir, durch Séides Dolch getroffen, hinscheidet und daß das Heer aufgebrochen ist, unter Bruch des Waffenstillstandes in die Stadt einzumarschieren. Aber beide wissen nicht, daß Ammon erst starb, als er sein Geheimnis verraten hatte. Nun spricht die Stimme der Gerechtigkeit, des Maßes, der echten Liebe, des Einklangs zwischen Gott und Welt durch den Mund Palmirens.

Ehe sie aus dem Munde Voltaires sprach, unterbrach sich der Dichter.

„Meine Freunde", sagte er, „hier ist die Grenze männlicher Vortragskunst; ich kann laut sprechen, leise – innig oder kraftvoll – nie wird man Palmiren richtig vernehmen, es sei denn, eine geistvolle Frau wäre hier unter uns und nähme mir die Rolle ab."

Vielleicht machte gerade dieser Hinweis die folgenden Verse besonders wirksam; selbst der Regimentsarzt aus Minden war ergriffen.

Das ist er also, Gott! der heilige
Prophet, der König, dem ich mich ergab?
Der Gott, den ich verehrte? Ungeheuer!
Durch Wut und grimm'ge Ränke weihtest du
zwei reine Herzen einem Vatermord!
Verführen willst du meine Jugend, willst
um mich, mit meinem Blut besudelt,
werben?
Doch traue nicht auf deine Sicherheit,
der Schleier ist zerrissen, Rache naht.
Vernimmst du das Geschrei,
den Sturm der Menge,
die meines Vaters Geist gewaltig treibt!
Man waffnet sich ..."

So spricht Palmire, in einem einzigen, ungeheuren Aufschwung, und der Zorn gibt ihr

Worte, denen ähnlich, die die Leidenschaft vorher – im ersten Aufzug – dem Mahomet eingegeben hat, als er von der Zukunft seines Reiches träumte. Noch stehen die beiden allein gegeneinander.

Doch wieder ist es Omar, der sich vor den Propheten stellt. Er weiß, wie Palmirens Racheschwüre sich verwirklichen, er sieht, wie das Volk, von Séide angeführt, sich heranwälzt, er bestätigt, daß die, die für Mahomet geworben waren, sich mit den Rächern verbinden, aber er ist auch bereit, sich zu seinem Herrn zu schlagen und mit ihm zu fallen.

Mahomet (zu den Seinigen):
„Was fürchtet ihr?"
Omar:
„Die wenigen, die mit dir in der Stadt
sich finden, sammeln sich sogleich um dich.
Wir werden an dir halten, mit dir fallen."
Mahomet:
„Ich bin genug, euch zu verteidigen;
erkenne, welchem König ihr gehört!"

Hier kündigte sich die wahre Kraft des Propheten an; des Staatengründers; in dem Augenblick, in dem alles verloren scheint, wächst er erst zu seiner Größe. Und das war denn auch der Vers, der den jungen König trieb, wie an jenem ersten Abend der Lesung, aufzustehen – und er setzte sich nun nicht mehr, bis zum Schluß der Tragödie. Er lehnte wieder mit verschränkten Armen am Kamin und schaute nicht mehr zu den olympischen Göttern, nur noch zu seinen Freunden und zu Voltaire hinüber, der hier so, so tief das königliche Amt begriffen.

Die nächste Szene gehört Séiden, der den Dolch in der Hand trägt, aber schon von Gift geschwächt ist. Rache kann er noch rufen, und er ruft dazu auf mit letzter Kraft, während das Volk, ein gewaltiger Chorus, durch die Kulissen andrängt.

Diesmal läßt sich Mahomet nicht von Omar retten; der vermöchte es auch wohl nicht mehr. Seine Kraft hat Grenzen; die des Propheten nicht.

Séide:
„Bewohner Mekkas, rächet meinen Vater!
Den mörderischen Heuchler strecket nieder!"

Mahomet:
„Bewohner Mekkas, euch zu retten kam ich;
erkennet euren König, euren Herren!"

Mag nun auch Séide ohnmächtig aufschäumen, Palmire, das Weib, zur Rachegöttin werden: stärker als sie ist der Prophet. Er legt vor dem murrenden Volk den Gifttod Séidens aus als das Eingreifen Gottes; er ruft Gott an, daß er die Irrenden schone, die Verbrecher strafe und zwischen dem Mörder Séide und Mahomet richte. Er nennt den Tod des Jünglings die Rache des Himmels, er straft so jeden Irrtum, jede Meuterei und so – groß in der Gefahr, groß in der Schuld und Sühne, zwingt er das Volk zu sich.

Als Voltaire begonnen hatte, war draußen über dem Niederrhein der Sturm losgebrochen; aber niemand hatte ihn wahrgenommen, da der Dichter mit feurigen Zungen las. Plötzlich aber, gerade als Mahomet durch den Dichter, der Dichter durch Mahomet die

großen, flügeligen Worte las, riß der Sturm das Fenster zur Terrasse auf – und ein Donnerschlag, unüberhörbar, rauschte über Schloß und Menschen.

„Ruhe!" rief Höttges im Stall und ging von Pferd zu Pferd, „Ruhe!" und stellte die Knechte an, die, soweit sie nicht schon herbeigeeilt waren, von ihrem Lager sprangen. Die Blitze zuckten über den Himmel, so gewaltig, daß von dem Innern des Stalles aus jede Scheibe von purem Golde schien.

Cäsarion sprang an das Fenster und drückte es zu, es war nicht mit einem Griff getan, fauchend schoß der Wind in den Raum, die Kerzen qualmten.

„Das muß ich noch einmal hören", sagte der König, und er ging an das Notenpult, stellte sich neben Voltaire und las, las die Rolle des Propheten und drängte den Dichter auf die andern Rollen ab.

Und so wiederholte nun der junge König, was Voltaire schon gelesen hatte:
Lernt, Ungläubige,
den Lohn des Aufruhrs gegen Gottgesandte,
die Rache kennen, die der Himmel schickt."

Da war keiner in dem Saal, der Anlaß gehabt hätte, die Worte des Königs gegen sich gerichtet zu empfinden; und doch, jeden von ihnen traf des Königs Wort.

„Natur und Tod vernehmen meine Stimme."
Ein Donnerschlag übergellte die Worte des Königs, die Kerzen flirrten, Friedrich mußte den Vers wiederholen.

„Natur und Tod vernehmen meine Stimme.
Der Tod, der mir gehorcht, beschützte mich

und grub die Züge rächender Vernichtung
auf diese bleiche Stirne plötzlich ein."
Wohin der Blick des Königs nun irrte, sie
wußten es nicht; aber ein Schauer überlief sie,
der Dichter erkannte sein eigenes Wort nicht
wieder:
„Er steht noch zwischen euch und mir, der
Tod,
er zielt und wartet, was ich ihm gebiete.
So straf' ich jedes Irrtums Eigensinn,
der Herzen Meuterei, ja, der Gedanken
unwill'gen Frevel ..."
Nun wurde die Stimme, die metallisch gegellt
hatte, weich, und mit einem Blick auf Cäsarion sagte der König:
„Nur den Gläubigen
verschont mein Bann, verschont des Todes
Schrecken.
Wenn euch der Tag bescheint, wenn ihr noch
lebt,
so dankt's dem Hohenpriester, der für euch,
Verführte, seinen Gott um Schonung fleht.
Zum Tempel fort, den Ewigen zu versöhnen."

Moyland von Westen, um 1955

95

Nun hat Palmire noch einmal das Wort, sie ersticht sich an der Leiche des geliebten Bruders; das
„Wehret ihr!"
das er zu lesen hat, überließ der König dem Dichter, ebenso Palmirens Schlußwort:
„Dich nicht zu sehen, ist das größte Glück.
Die Welt ist für Tyrannen; lebe du!"
Friedrich ging zum Kamin hinüber, mit einem Antlitz, das den Freunden undeutbar schien; er nahm das Lederkästchen, öffnete und hob einen aus Silber getriebenen Lorbeerkranz hervor. Den nahm er zwischen die Fingerspitzen und trug ihn zu dem Dichter, der noch an dem Notenständer verhielt. Hoch hob Friedrich den Schmuck, der im Schein der Kerzen matt erglänzte, Voltaire beugte sein Haupt und nahm das Geschenk des Königs entgegen.
„Großer Voltaire", sagte der König, und der Dichter bebte von der Gewißheit, von einem Monarchen ausgezeichnet zu sein, der den Künsten und der Wissenschaft, der Weisheit und der Güte hold war.
„Was mich betrifft", sagte Friedrich, „ich bin auf der Seite Mahomets."
Wie beschwörend hob Voltaire die Hände, er konnte nicht fassen, was ihm da der junge König gestand; aber Friedrich ging zu dem Fenster hinüber und trat, obwohl die Blitze lohten, auf die Terrasse hinaus. Dort stand er, die Stirn im Gewitter, und niemand wagte, ihm zu folgen; der Philosoph saß zusammengesunken auf einem Stuhl und hielt das lorbeergeschmückte Haupt in den Händen.

Der Rausch seines Glückes war verflogen, der lorbeerspendende König selbst hatte mit einem einzigen Bekenntniswort ihn vernichtet.
Die Donner rauschten über dem Schloß; an allen Enden der Welt loderten die Blitze, und nun brach auch der Regen nieder – Hagel mitten im September. Cäsarion wagte sich bis an den Balkon; der König stand da, wie versteint, und so wagte auch er nicht, ihn ins Zimmer zu bitten. Doch löste sich aus dem Dunkel des Hofes eine Gestalt, bald triefend von Nässe, Höttges, der Verwalter.
Höttges kam in den Saal, verbeugte sich, eilte hinaus zum König, stellte sich neben ihn und sagte heiser: „Das zieht den Blitz an!"
Der König erwachte, blickte den Verwalter lächelnd an und folgte ihm in das Haus. Der windrote Mann im Silberhaar schloß das Fenster, verneigte sich und ging wieder hinaus; er hatte einen schweren, ungefügen Schritt; sein Kleid war ärmlich; und was er sprach, war nicht sonderlich geschliffen.
Später wurden die Fenster wieder geöffnet; balsamisch drang die Luft in den Raum. Leise Wellchen schlugen an das Ufer des Schloßgrabens, und die Windfahne schwang hin und her.

Otto Brües

Günther Zins, Linien im Schloß 1983/1984;
im Rahmen der Sanierungsarbeiten 1988 zerstört.

Die Zukunft von Schloß Moyland

Ungläubiges Staunen, gepaart mit einer gehörigen Portion Skepsis, waren im Herbst 1986 die erste Reaktion der Menschen am Niederrhein auf die Nachricht, daß, mehr als vier Jahrzehnte nach seiner Zerstörung im Zusammenhang mit der „Schlacht um den Reichswald" in der letzten Phase des 2. Weltkriegs, neues Leben aus den Ruinen von Schloß Moyland wachsen solle. Zu oft hatten die Niederrheiner in der Vergangenheit von Vorhaben erfahren, die alte Wasserburg wieder aufzubauen. Stets war es bei den Plänen geblieben. Ihre Verwirklichung scheiterte immer an der Höhe der veranschlagten Kosten. Die Ruine indes verfiel immer mehr. Sie wurde zum Gemäuer, das, im Gegensatz zu vielen anderen zerfallenen Schlössern entlang des Rheins, wenig Romantik ausstrahlte. Eher lag die einst so wehrhafte Wasserburg düster drohend inmitten der alten Befestigungsgräben, die langsam zu verlanden begannen.

Ein tödlicher Unfall, der sich bei der Bekämpfung eines im Zuge notdürftiger Sicherungsmaßnahmen entstandenen Brandes in den fünfziger Jahren ereignete, und ein Gewaltverbrechen, zwei Jahrzehnte später, trugen dazu bei, daß Spaziergänger die Burgruine mieden, aus der nachts vielfach das Echo skurriler Feten und Happenings drang. Die Graffiti, die an den Wänden Zeugnis davon abgaben, beschränkten sich nicht auf die noch stets im Ehrenhof prangende Devise „Sodom und Gomorrha", sondern dehnten sich auf ganze Raumdekorationen aus, die den Initiatoren wert waren, in einer sorgfältigen Fotodokumentation der Nachwelt erhalten zu werden.

Besonders ein von zahllosen Augen und linearen Strukturen beherrschter Raum hat es den Planern angetan, war es doch Träger des Kunstpreises des Märkischen Kreises Günther Zins, der sich hier 1982/83 betätigte, damit die Besucher an „unverhoffter Stelle mit Kunst konfrontiert werden".

Demnächst wird man in Moyland nicht mehr unverhofft, sondern voller Erwartungen und ganz gezielt auf die Kunst stoßen. Sie ist das Zauberwort, das den Dornröschenschlaf des Schlosses beenden will. Unter Federführung des Kreises Kleve haben sich der Eigentümer von Schloß Moyland, Baron Adrian von Steengracht, und die Kranenburger Kunstsammler Hans und Franz Josef van der Grinten – der eine Abteilungsleiter für moderne Kunst am Museum „Commanderie van Sint Jan" in Nimwegen, der andere Kunsterzieher am Bischöflichen Internatsgymnasium „Collegium Augustinianum" auf der Gaesdonck bei Goch – mit Repräsentanten der Wirtschaft zusammengefunden und mit Unterstützung des Landes Nordrhein-Westfalen einen Weg vorgeschlagen, auf dem Schloß Moyland mit neuem Leben erfüllt werden

Joseph Beuys
vor Schloß Gnadenthal in Donsbrüggen, 1978

könnte. Das historische Gebäude soll zum kostbaren Behältnis der bedeutenden Kunstsammlung van der Grinten werden, deren Kern die größte existierende Kollektion von Zeichnungen und Aquarellen des Anfang 1986 verstorbenen Professors Joseph Beuys ist, der in Kleve seine prägenden Jugendjahre erlebte. Es dürfte wohl kaum eine Beuys-Ausstellung gegeben haben, in der nicht Leihgaben aus dieser Sammlung gezeigt wurden. Bisheriger Höhepunkt: eine Ausstellung (von November 1987 bis Februar 1989) der Landesregierung Nordrhein-Westfalen und des Rheinischen Museumsamtes des Landschaftsverbandes Rheinland in Zusammenarbeit mit der Akademie der Künste der Deutschen Demokratischen Republik unter dem Titel „Beuys vor Beuys – Frühe Arbeiten aus der Sammlung van der Grinten" in Bonn, Ostberlin, Leipzig, Brüssel, Hamburg und Frankfurt. In Schloß Moyland sollen die 3.500 Beuys-Blätter der Van-der-Grinten-Sammlung eine endgültige Bleibe erhalten. Sie werden dort ergänzt durch nicht weniger als 75.000 Dokumente – Briefe, Fotos, Handzettel, Programme, Tonbänder, Kataloge und Zeitungsausschnitte – in einem Beuys-Archiv, das noch in Zusammenarbeit mit dem Künstler von den Brüdern van der Grinten aufgebaut wurde.

Nach den Vorstellungen der Kunstbesitzer soll eine Gemäldesammlung mit Werken des Malers Professor Hermann Teuber (der mehrere Jahre im nahen Kalkar tätig war) als Schwerpunkt hinzukommen. In einer Skulpturen- und Objektkollektion steht Beuys wiederum im Mittelpunkt. Und schließlich soll ein 20.000 Blätter umfassendes Kupferstichkabinett mit vorwiegend moderner Graphik eingebracht werden, in dem das graphische Werk mehrerer Künstler (neben Beuys beispielsweise Rolf Crummenauer und Erwin Heerich) lückenlos vertreten ist.

Plaketten, Medaillen, Gegenstände der angewandten Kunst, Plakate, Fotos und eine 12.000 Bände umfassende Bibliothek zur modernen Kunst vervollständigen den Besitz der beiden Kunstsammler, den sie als „Van-der-Grinten-Stiftung" etablieren möchten. Sie soll sinnvoll durch eine von Baron Adrian von Steengracht angeregte „Stiftung Schloß Moyland" ergänzt werden, deren Zweck die Restaurierung des bedeutenden Geschichts- und Baudenkmals ist, das danach wieder der Öffentlichkeit zugänglich gemacht werden kann. Das Land Nordrhein-Westfalen, der Kreis Kleve und die Gemeinde Bedburg-Hau haben sich inzwischen zur Finanzierung der baulichen Maßnahmen verpflichtet, die bereits begonnen wurden. Erfreuliches Ergebnis der ersten, mit Sicherungsarbeiten verbundenen Bestandsaufnahme: Das Gebäude ist in seiner Substanz erheblich weniger angegriffen als man beim Anblick der Ruine erwarten mußte. Der Architekt, Dipl.-Ing. Karl Ebbers, ermittelte im Juni 1988 nach der Befreiung des Gebäudes vom gröbsten Schutt einen Bauwert des Gemäuers von acht Millionen Mark, eine Größe, die dem Rohbauwert eines Neubaus entspricht.

100

Die Initiatoren der Restaurierungsmaßnahmen bei einer Besichtigung des Schlosses, Winter 1987.

Die CDU-Kreistagsfraktion Kleve berät den weiteren Verlauf der Restaurierung, Juni 1988.

Bei der Lösung der Restaurierungsaufgabe des Schlosses, das als eines der Wahrzeichen des Niederrheins gilt, ziehen deshalb auch alle angesprochenen und beteiligten Stellen an einem Strick. Distanzierter wird hingegen mancherorts die Frage der Folgekosten nach der Einrichtung des Baudenkmales als Museum betrachtet. Im Klever Kreistag möchte man das gegenwärtige finanzielle Engagement nicht noch auf diese Phase des Projekts ausdehnen, um die kreisangehörigen Städte und Gemeinden, die zum Teil auch eigene Museen unterhalten, nicht unbegrenzt weiter belasten zu müssen.

Inzwischen hat sich ein Verein „Museum Schloß Moyland e.V." gebildet, der sich dieser Aufgabe widmen will. Ob er sie allein lösen kann, muß sich zeigen. Das Land Nordrhein-Westfalen aber hat seine Zusage, die Restaurierung des Gebäudes mit Zuschüssen in Millionenhöhe zu unterstützen, abhängig von der Antwort auf die Frage nach der Nachfolgefinanzierung gemacht. Mit dem Argument, ein Museum, in dessen Mittelpunkt das Werk eines der bekanntesten Gegenwartskünstler steht, müsse ein Anziehungspunkt für Touristen werden, fordert Düsseldorf mehr Mut zum Risiko. Von allen Beteiligten wird Bereitschaft zu Kompromissen erwartet. Das zeigt sich an den inzwischen schon Monate andauernden zähen Verhandlungen über die Modalitäten der Stiftungsverpflichtungen. Immer neue Anregungen werden bekannt, nicht nur der Kunst, sondern auch der Geschichte ein Podium in Moyland zu bieten. Der Vorschlag schließlich, den Ort, an dem sich einst Friedrich der Große und Voltaire begegneten, in die Aktivitäten der deutsch-französischen Freundschaftsabkommen einzubinden, macht deutlich, daß Moyland ein über die Grenzen der Region hinaus bedeutendes Kulturzentrum zu werden die Chance hat.

Alois Puyn

Bildnachweis

Soweit nicht anders angegeben, stammen die Bildvorlagen aus den Beständen des Städt. Museums Haus Koekkoek, Kleve, zum Teil aus der Sammlung Angerhausen (Seiten 10/11, 34, 68) im Museum.

Wir danken außerdem für die Überlassung von Bildmaterial:

Stadtarchiv Kleve (Seiten 5, 14, 16-18, 87)
Foto Iconographisch Bureau, s'Gravenhage, Niederlande (Seiten 8, 26, 27, 29, 33)
Rijksprentenkabinett, Amsterdam (Seiten 21, 23, 57)
Gottfried Evers (Seiten 40, 46, 49, 99, 100, 101)
Fritz Getlinger (Seite 95)
Nordrheinwestfälisches Hauptstaatsarchiv Düsseldorf (Seite 22)
Günther Zins (Seite 97)
Rheinisches Amt für Denkmalpflege, Pulheim (Seite 12, 13, 36 links)
Kreisbildstelle, Kleve (Seite 103)
Schloßverwaltung Herdringen (36 rechts)
Elmar Hartmann (Seite 43)

Der Haupteingang von Schloß Moyland (1988) mit dem Tympanon mit der Bauinschrift.

Weitere Bände der Reihe »Niederrhein erleben«

Erich Staudt
Kopfweiden
Herkunft – Nutzung – Pflege

Michael Brocke/Hartmut Mirbach
Grenzsteine des Lebens
auf jüdischen Friedhöfen
am Niederrhein

Wolfgang Müller
Natur am Niederrhein
Flora und Fauna